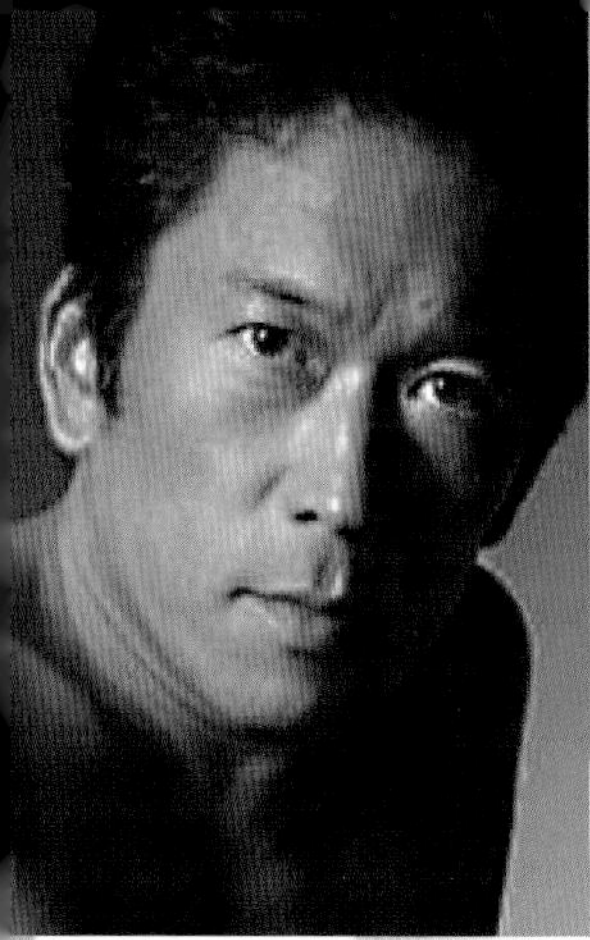
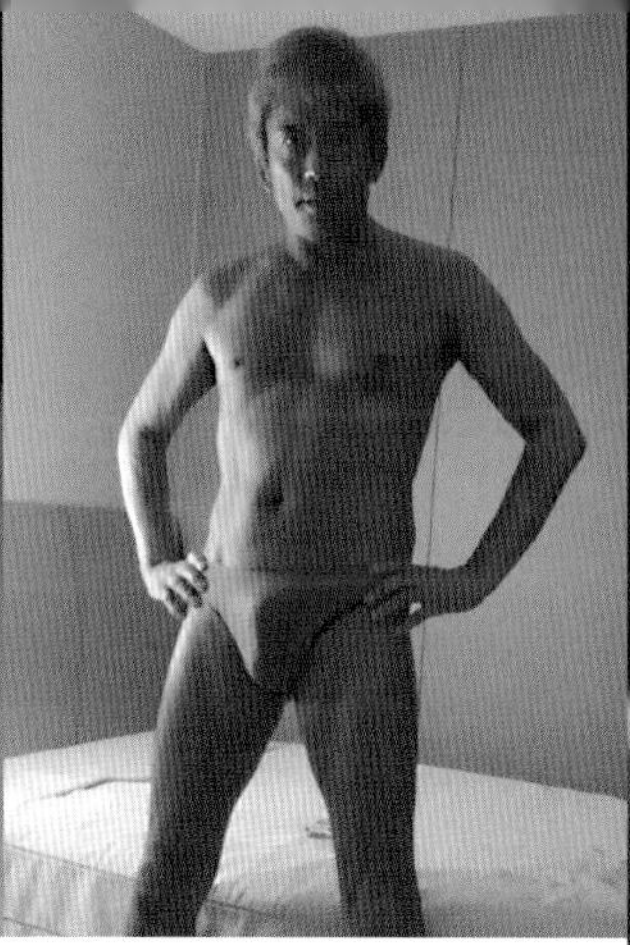
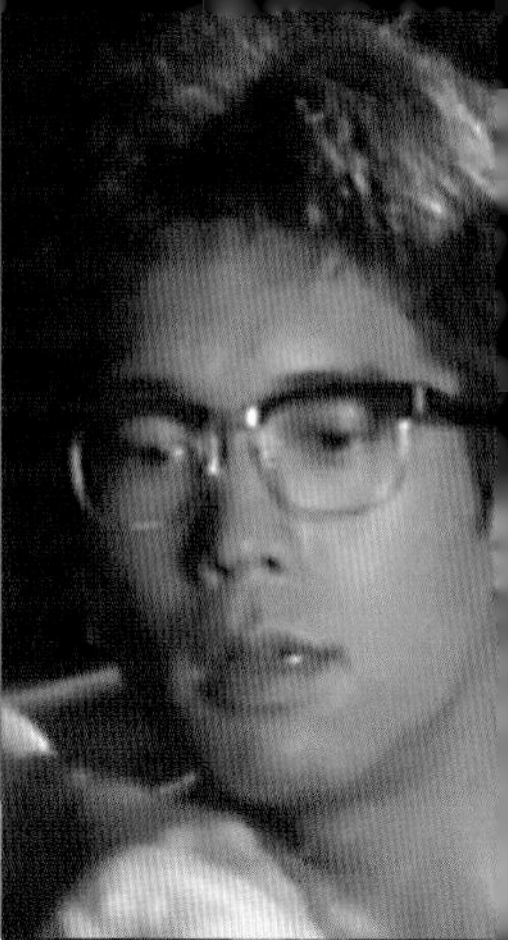
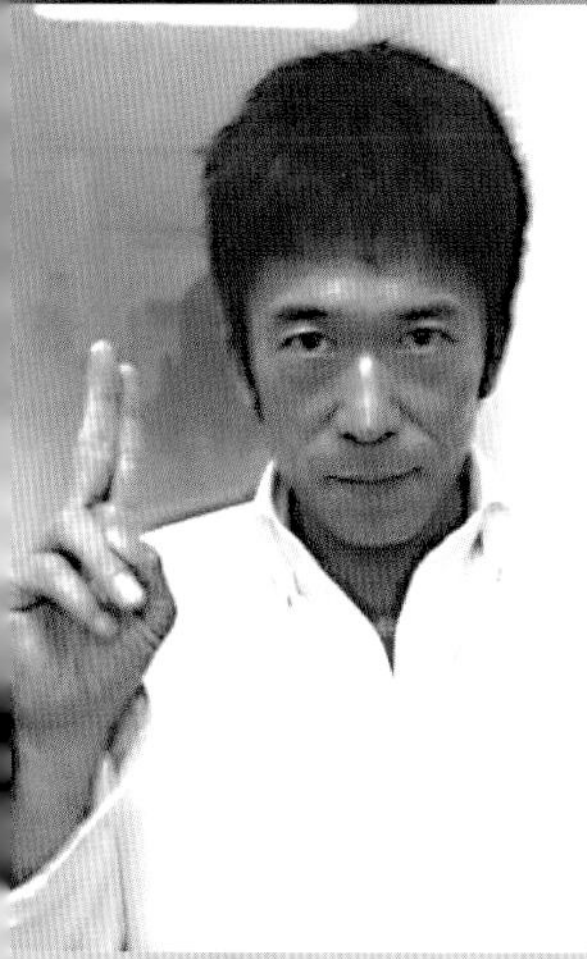

伝説のAV男優 沢木和也の「終活」

癌で良かった

沢木和也　荒井禎雄

彩図社

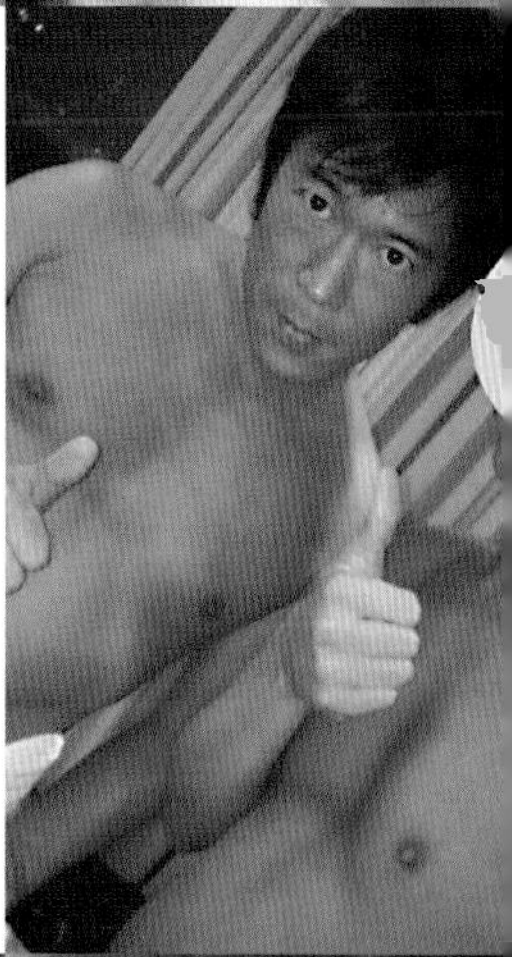
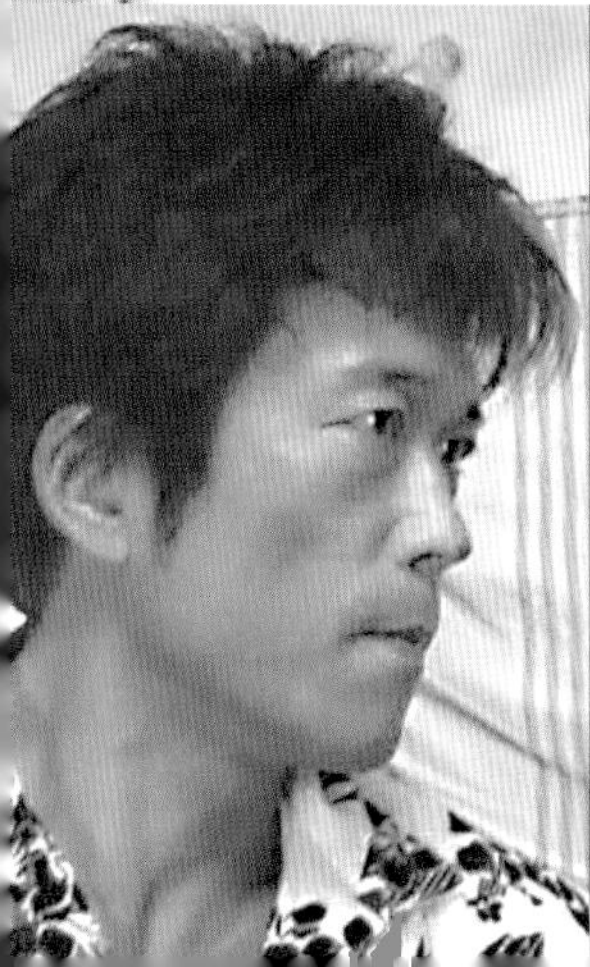
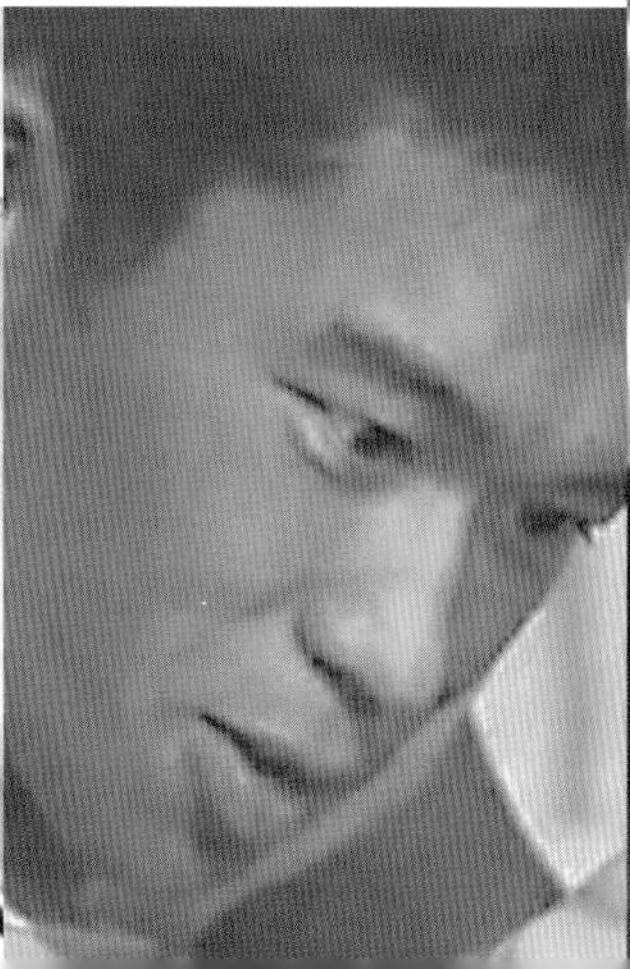
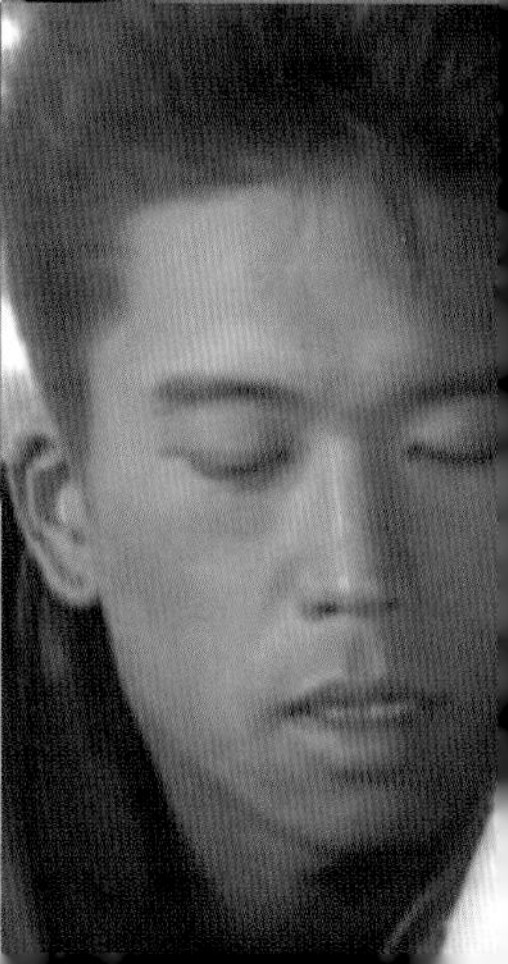

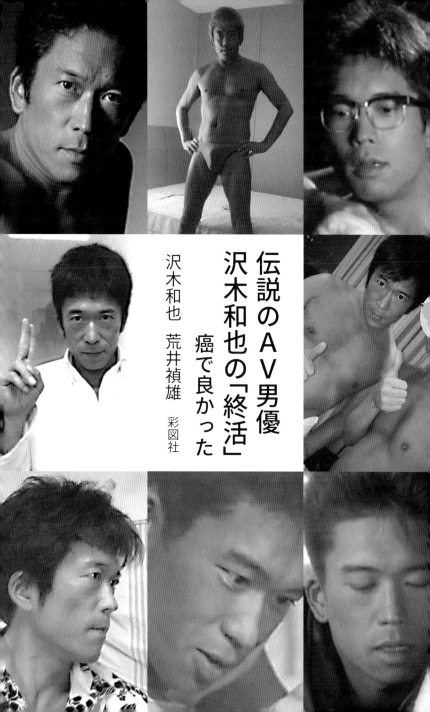

幼少期の息子が沢木宛に描いた絵と言葉

いつもありがとう

おとうさんへ
いつもありがとうね!!
だいすき
めざましあそび研究会 編

沢木から息子への言葉

息子へ

お父さんとの時間は
少し短かったけど…
君の人生はまだ長い。
自由に楽しく生きて欲しい！
お父さんは君の父になれて
本当に幸福な人生でした。
ありがとう!!

お父さんより。

伝説のＡＶ男優
沢木和也の「終活」
癌で良かった

目次

序章

癌のカミングアウトと「終活」プロジェクト

２０２０年４月11日。緊急事態宣言が発令され、新型コロナウイルスによるパニックが本格化していた時期に、とある男性がTwitter上で癌をカミングアウトした。ツイートの主は沢木和也。１９８０年代から活躍しているベテランＡＶ男優だ。

「公表します！　食道がん＋下咽頭がんにより来週には入院します。食道がんが大分進んでいるので、手術の選択肢は無く化学放射線治療になります。公表する必要は無かったかも知れないけど黙って消えて行くのは無いかな？　って思いました。男優復帰は置いといて父親復帰を目指します。息子を見ていたい」

ツイートは一定の反響を呼んだが、この段階では筆者が目にすることはなかった。しかし、それからしばらくして、筆者は沢木和也の『終活』を手伝うという重責を担うことになった。まずはその経緯から説明させていただきたい。

２０２０年６月。日本国内のコロナ騒動が小康状態になり、緊急事態宣言が解除された頃に、筆者は古巣のＡＶ業界の先輩（以下Ｍ氏）から呼び出しを受けた。待ち合わせ場所は歌舞伎町の雀荘。我々が日頃からアジトにしている行きつけの店だ。

そこで筆者と共に呼び出された彩図社の草下シンヤ氏は、M氏からある頼まれごとをする。「俺の先輩の沢木和也が癌で死ぬかもしれない。心安らかに人生の最期を迎えられるよう、不安や困り事を解決してあげたいので手伝ってほしい」と。

筆者はそこで初めてあの沢木和也が死を前にしていることと、4月のカミングアウトの内容を知った。沢木氏は医師から余命について「1年もつ人もいれば、2年もった人もいますよ」と言われたという。

私事になるが、筆者自身も沢木氏と同じようにアラフォーになってからの子供を抱える身で、親子の年齢差はほぼ一緒である。思わず自分の年齢と沢木氏の年齢を比べ、「あと10年足らずで自分が癌になったならば……」と考えてしまい、細かい話を聞く前に「やります」と返事をしていた。

6月20日。筆者と草下氏、そしてM氏と沢木氏は、コロナ禍で人もまばらな歌舞伎町の喫茶店に集まった。草下氏以外の3人は全員AV業界の出身者だったので、業界の昔話を交えつつ、沢木氏が置かれている状況と、難儀していることについて聞き取りを行った。

その結果、沢木氏の望みはとてもシンプルであることが分かった。

「自分がこんなに早くこういうことになると思ってもいなかったので、全然貯蓄をせずに来てしまった。今からでも息子に出来る限り金を遺してやりたい。彼は野球に夢中だから、例えば金の心配をせず野球道具を買えるとか、それ以外のやりたいことが出来た時に回り道しないでスタート出来るとか、それくらいの金は作ってあげたい」

それに対して、まずM氏は「俺の今の状況では表に立って何かするということが不可能なんだ。だから2人にお願いする以外に思い浮かばなかった」と、申し訳なさそうに筆者と草下氏が選ばれた理由を口にした。M氏は2年ほど前にとある事件で有罪判決を受けており、まだ執行猶予が残る身だったのだ。

M氏にはタレント性があり、そうした活動にも慣れているので、本来ならば自分が前面に立って金を作るという選択肢が最も話が早かったはず。だが今回ばかりは「沢木先輩の人生の最期を自分の名前で汚すわけにはいかない」と考えたようだ。

こうして筆者と草下氏が表に立ってプロジェクトを進めて行くことになったのだが、最初

初顔合わせの日。歌舞伎町の喫茶店で

に決めたテーマは『終活』だった。本当は当時流行っていたネットコンテンツをもじって「100日後に死ぬAV男優ですね」と口にしたのだが、場の雰囲気が凍り付いたので、慌てて「前向きに終活するという方向性にしましょう」と訂正し事なきを得た。

「ベテランAV男優　沢木和也の終活」

これをテーマとし、何をすれば沢木氏が望むくらいの金を残してあげられるのか。我々はそこだけを重視してプロジェクトの内容を構築していった。

草下氏が言う。「自分は出版業界の人間なので、本を作るという形ならば最大限の協力が出来る。なので自伝の出版を軸にするのはいかがですか」と。そして筆者からは「当面の沢木さんの治療費も必要なはずなので、何か目的設定を考えて、クラウドファンディングでお金を集めましょう」と提案させていただいた。

また何をするにもネット上に拠点が必要なので、今最もマネタイズが簡単なnoteを使い、そこで沢木和也終活プロジェクトの進捗を伝えていくことになった。少しでも売上があれば、それは沢木氏の治療費に回せるので、こういう収入源も確保しておきたい。

自伝出版、クラウドファンディング、noteの有料化、この三本柱で沢木氏の治療費を集め、また家族に現金を残す。これがプロジェクトの目標だった。

こうしてプロジェクトはスタートを切った……と言いたいところだが、即座に壁にぶつかってしまった。「終活するから治療費くれ」はクラウドファンディングの利用規約に反しているようで、どこのサービスでもＮＧだったのだ。

最終的に我々は『CAMPFIRE』でプロジェクトを公開したが、これも掲載までに何度も何度も差し戻しを受けた。担当者から以下のような内容のメールが届いたのだ。

「資金の使い道について、クラウドファンディングでは、個人の生活費・医療費・学費・借金の返済金などを集めることは大変難しく、また、仮にこちらで支援金を得ることが出来ても、これを受け取ることにより本来必要な生活保護や社会保障が受け取れなくなってしまう可能性がございます。また、炎上などのトラブルがあった場合、起案者様に全責任が発生してしまうため、非常にお辛い思いをされることとなってしまいます。そのため資金の使い道に記載があります、治療費の文面の削除、または変更をお願いいたします」

このような事情から、プロジェクト目標から治療費などの文言を削ったのだが、それでもまた差し戻しを受けた。今度は治療費ではなく「沢木和也に何かあった場合は家族にお金を渡す」と書いた点が「他人への譲渡なので規約違反だ」と指摘されたのだ。

こちらとしては、支援してくださった皆様に対し「変な中抜きはしません」と約束したかっただけなのだが、クラウドファンディングは悪用されやすいサービスであるため、非常に規約が厳しい。そこで我々は、そもそもの目標設定を変更し、審査を通すことを最優先した。

このような事情から、当初は別の話として進める予定だった自伝の出版と、クラウドファンディングによる治療費集めを、ひとつにまとめることになったのである。

沢木氏のクラウドファンディングは、自伝出版のプロジェクトとしては高額な200万円という金額を目標にしていた。この理由は自伝出版費用だけではなく、治療費やご家族に残すお金も含まれていたからだ。

草下氏は最初から「彩図社として、この件に関しては最低限の予算でやりますから、50〜60万円あればそれなりの本を作って、支援者の方々への発送もやります」と言ってくれていたのだが、クラウドファンディングの手数料を考えると、100万円では手数料を抜かれて、彩図社に出版費用を支払うと、沢木氏の手元には30万円ほどしか渡らなくなってしまう。

実はクラウドファンディングの期間中に「200万円も必要なのか?」という声が挙がっていたのだが、あの目標額にはこのような理由があったのである。

このようなすったもんだの末に、やっとのことで『沢木和也　終活プロジェクト』の全容が固まった。最初に歌舞伎町の喫茶店に集まってから、ここまで辿り着くのに約3ヵ月。クラウドファンディングのページが公開に漕ぎ着けたのは、9月15日のことだった。

そして2020年11月30日。沢木和也の自伝出版を目的としたクラウドファンディングは、支援者280人、支援総額201万2000円という想像を超える数字を達成し、無事に成

多くの方の支援で目標達成することができた

立を迎えることが出来たのである。

さて、長くなったが、ここから先はこの七転八倒のプロジェクト進行中に、筆者が行った沢木氏へのインタビュー取材の内容を中心に、沢木和也が発した言葉を余すところなく文字にしていく。

自身の人生について、アダルトビデオ業界について、薬物やアウトローについて、そして何よりも癌という病気や、後に残す家族について……。己の死に臨んで恐れも忖度もない人間が語ってくれた内容は、とても幅広く興味深いものだった。

「あんまり重苦しい話は嫌だよね。前向きで明るいのがいいな。オレは自分の最期が癌で良かったと思ってるんだから」

この沢木氏の意思を尊重し、本書は努めてライトに書き進めようと思う。時として軽口と受け取られる物言いもあるかと思うが、それも含めて沢木和也というキャラクターであるため平にご容赦願いたい。

第1章
癌の発覚

２０２０年６月。筆者は沢木氏に取材するため歌舞伎町を訪れていた。世間はコロナの話題一色だったが、歌舞伎町界隈では暴力団によるスカウト狩りがホットトピックだったのを覚えている。

「ちょっとＡＶ男優の仕事が減ってた時期に、風俗やＡＶに女の子を紹介する仕事をしてたことがあってさ、不良やジャンキーや暴力団だらけで、あんな世界はもうたくさんだよ。今も昔も人間がやることは大して変わらないよな。そういう話題もあるけど、何から話そうか？」

沢木和也という人物は、80年代のレンタルビデオ時代から最前線で活躍し、ホストや風俗のスカウト経験もあるため、夜の業界全般について詳しい。聞きたいことは山程あったが、ここでは『終活』という趣旨を優先し、まずは病気に関する話から伺うことにした。

病気の予兆

自分の身体が癌に侵されていると知ったのは、何らかの病気かもしれないと自覚してから少し経った頃だった。まずは癌に気付いたキッカケから順を追って話そうか。

ある日、ＡＶの撮影現場で台詞が上手く発声できなくなって、「あれ？」と自分の身体に疑問を感じたのが最初だったんだ。長くＡＶ男優という仕事を続けて来たけれど、あの日ほど声がカスレたり、語尾が裏返るといった経験はしたことがなかった。

それに加えて、胸の辺りに今まで感じたことのない「キュ～～」っとした強い痛みを感じたり、食事が喉を通らなくなったり、そういう出来事が頻繁に起きるようになった。うどんすら満足に飲み込めないとなれば、さすがにおかしいと自覚できるよね。

そうした症状を、撮影現場でＡＶ女優の大島優香ちゃんに雑談のつもりで打ち明けたら、「お願いだから絶対に病院に行ってほしい」と強く勧められて、なぜか素直にその言葉に従う気になれたんだよ。

普段なら、女性に対して弱みを見せるような話はしないし、性格的に男女関係なく他人の言うことなんてほとんど聞かないんだけれど、その時は本当にたまたま「医者にかかろうかな」と思えた。どうしてその時に限ってそう思えたのかいまだに理由は分からない。よく言われる第六感的なものだったのかもしれないけれど、間違いなく言えるのは、あれが無かったら手遅れになって、自分はもうこの世にいなかったかもしれないということだね。

癌の発見

それから2日くらい経って、声が抜けるというのがその時の自覚症状だったから、まず呼吸器科に行くことにした。確か2020年の3月9日だった。

ところが、呼吸器科での診断結果では心臓にも肺にも異常がなく、挙句に「耳鼻科に行った方がいい」と言われる始末で、自分でもそれはおかしいと感じたんだ。その時は「耳鼻科じゃない」「何もないわけがない」という強い確信があったから、普段からかかりつけにしている医者の診断を仰ぐことにした。

そこで「しばらく胃カメラをやっていないから試しにやってみようか」と言ってもらえて、カメラを入れたらあっさりと胸の辺りにそのものズバリという癌が見付かった。すぐに紹介状を書いてもらい、大きな病院で診察した結果、食道癌のステージ4という診断だったんだ。

これが医者の怖いところで、自分の専門外に関しては全然という人もいるんだよね。その時点でだいぶ癌が進行していて、なんでそんな物が見付からなかったのか分からないってレベルだったから、言われた通りに耳鼻科に行ってたら命が危なかったよ。

でもそれだけでは済まなくて、喉の辺りにも違和感があるので再度鼻からもカメラを入れて診察してもらうことになったのだけど、そこにも癌が見付かってしまったんだ。

その病院では設備も専門医も足りなくて、それ以上の診察ができなかったようで、「次は癌の専門病院で診察した方がいい」とアドバイスを受け、もっと専門的な病院を探すことになった。

これが3月24日の話で、ＡＶ現場で違和感を自覚してから2週間くらい経過した頃だった。

幸か不幸か

声がかすれる、胸が痛いといった自覚症状の弱さを考えると、2週間で癌の診断がおりたのは、いくつも幸運が重なった結果だと思っている。中でも特に幸運を感じたのは、最終的な検査先を『国立がん研究センター（以下がん研）』に決めた時だった。

周りの詳しい人間に相談してみたところ「有明と築地にあるがん研がいいよ」と教えてもらえたので、即座に電話で予約を取ったんだけど、この判断をしていなかったら確実に命を落としていただろうね。

というのも、この辺りでいわゆる『コロナ禍』が始まっていて、普通の総合病院を選択していたら、診察すらしてもらえなかった可能性が高かったんだよ。

身体にちょっとした違和感を感じ始めていた頃が、横浜の豪華客船でコロナの感染者が出たとか、全国で休校するとか騒いでた時期（2020年2〜3月）で、癌が発覚したのがロックダウンが囁かれ出した頃（同年3月）。それでがん研に通い出したのが緊急事態宣言が発令された頃（同年4月）だったから、コロナ禍の広がりと妙にリンクしてしまってたんだ。

最初は近場の総合病院も候補に入れていたけど、そういう病院はコロナのしわ寄せがコロナ以外の患者に行ってしまうよね。後に色々な情報が明るみになった際に、感染対策で病院の対応がバタバタになってしまって、コロナの症状がないのに診察が後回しにされたとか、重病患者の手術が延期になったなんて話をあちこちで見かけたけれど、総合病院にこだわっていたらきっとそういう悲惨な目に遭っていたに違いないよ。

そういう意味では、あのタイミングで即座に「がん研にしよう」と決断出来たのは最高の選択だった。癌患者しか来ないがん研だからこそ、コロナ禍の影響が最小限で済んで、速やかに癌治療をスタートできたんだ。

日本中が大混乱していたあの時期に、自覚症状は弱かったのにすぐに癌が発覚し、入院が決まり、治療方針が決まり、放射線治療が始まり……と、トントン拍子で話を進められたのだから、かなり強烈なツキを持っていたと言えるだろうね。

癌の状態

食道は頸部・胸部・腹部の３つに、咽頭も上咽頭・中咽頭・下咽頭の３つに分かれているんだけど、自分の場合特に酷い原発巣（最初に癌が発生した場所）以外にも癌が広がってしまっていた。中でも食道は頸部食道と胸部食道のほぼ全体が薄く癌で覆われている状態だったんだ。

そこで、最初の治療方針としてまずは酷いところから取ろうということになって、原発巣を含む食道癌と咽頭癌の特に酷い部分から放射線治療を始めることになった。

ところが、その治療を始める頃には、骨盤や首のリンパへの転移も発覚してしまったんだ。

最初の入院当初は自力で歩けていたんだけど、その内に痛みが酷くなって歩行困難になり、さらに歩くどころか痛みで同じ体勢を取り続けられないようになってしまった。

また首のリンパが大きく腫れているせいで、食道や気道が圧迫されていることも分かった。そのせいで声帯がおかしくなって声を出し辛くなっていたんだ。これが最初に感じた台詞回しがおかしいという不調の理由だった。これも段々と悪化して、遂には首を回すこともできなくなってしまったんだ。

つい先日（２０２０年６月）の最新の診察では、さらに肺にも転移していると知らされた。肺は２ヵ月くらい前まではキレイだったのに、突然１センチくらいの転移が見付かったんだよ。自分は50歳を過ぎているけど、それでも癌になるには身体が若かったみたいで、進行が早いんだろうね。

癌治療について

入院中はひたすら抗がん剤の治療をしているんだけど、それは点滴の管を入れて約96時間打ちっぱなしになる。それと放射線治療は土日を抜かして約30日間あるんだけれど、そういう治療を続けて行ったら、二度目の抗がん剤を打った辺りで、ハッキリと身体が楽になった。まず首が楽になったし、足の運びも楽になって普通に歩けるようになった。

それを医者に伝えたら、では体力が回復するまで少し休みましょうと。その後で精密検査をして、その後の治療方針を決めようということになった。当然、その間も薬を飲むといった簡単な治療は続いたけれど、体力が戻るのを待ちつつ様子を見ていたら、また段々と尻が痛くなって来たんだ。

　それで精密検査をした結果、食道の原発巣の部分はだいぶキレイになったんだけど、自分では良くなったと思っていたリンパと骨盤に関しては、全然小さくなっていなかった。その2カ所は抗がん剤がほとんど効かず、じゃあ次はどうしましょうかと担当医と相談することになった。レントゲンで見てみたら腸骨の部分が特に酷くて、見て分かるくらいグチャグチャになっていて、実際に骨折していたんだ。

　分かっていることは、同じ場所に放射線を浴びせられる頻度には限りがあるから、食道や咽頭にはもう放射線治療ができないということ。

　そこで治療方針を切り替えようと勧められたのが自己免疫療法だった。２０１５年までは保険が効かなくて数百万の金がかかる自由診療だったそうだけど、今は認可が下りて、効果が見込める薬も使えるようになった。その中にオプジーボという薬があるんだけど、それを使った免疫療法をするというのがまずひとつ。

　ふたつ目は骨盤に関してなんだけど、そっちはとにかく痛みが酷いので、早めに放射線をあててもらうことにした。痛みがこれだけあるのは、薬が全然効いていないってことだからね。

※

プロジェクトメンバーが一番不安でピリピリしていたのは、実はこの時期だったかもしれない。沢木氏の癌の転移が思った以上に酷く、また進行も早く、不謹慎な話だが筆者と草下氏は「沢木さんのインタビューだけで本を組むのは無理だ。他にもページを埋める手段を考えないと」と言い合っていたほどだ。

6月に最初に会った時には普通に歩けていたのに、その後は会う度に足を引きずっていたり、杖が必要になっていたりと目に見えて悪化し、最終的には「喫茶店とかだと椅子に座っていられないから」という理由で、横になりながら話せる沢木氏の自宅や自家用車の中が取材現場となった。

話を振って来たM氏には前もって「お前が一番辛い立場になると思う。だってひとりの人間がどんどん弱っていくところを間近で見続けることになるんだから」と言われていたが、まさかこれほど早くその言葉が現実のものになるとは、と考えざるを得なかった。

ところが、2020年の9月頃に事態が好転し始めた。沢木氏が新たな治療法として選択したオプジーボが思いのほか効いたらしく、目に見えて血色が良くなり、声も聞き取りやすくなり、長時間の取材も受けてもらえるようになったのだ。

以下はそのタイミングで、沢木氏の自宅で行ったインタビューをまとめたものである。

オプジーボの効果

9月に入ってから体調は絶好調だね。発声も以前よりだいぶ良くなっていると思う。人と会うと「思ったより顔色がいいですね」なんて言われるよ。自分の場合はオプジーボが身体に合っていたんだろうね。

オプジーボっていうのは、自分の免疫力にブレーキをかけないようにする薬ってイメージ。癌って普通の細胞のフリをして、免疫細胞の攻撃を避けながら増殖するらしいんだけど、オプジーボは免疫細胞を常に戦える状態にしてくれるんだ。それで自分自身の免疫力で癌細胞を死滅させようって考え方だね。

そういう薬だけあって免疫力が過剰になってしまったりリスクもあるんだけど、この頃は身体の痛みも良くなって、自由に車の運転が出来るし、カラミこそ出来ないけどＡＶの撮影現場にも呼んでもらえているし、８月頃と比べたらだいぶ治療の効果が出てると感じられる。

実は8月中は体調が最悪で、倒れて緊急入院してしまったんだけど、怖いことにその時の記憶がほとんど残っていないんだよ。女房にこうだったああだったと教えてもらうんだけど、自分視点でのハッキリとした記憶がなくて、それがちょっと恐ろしかったな。完全に意識を失ってたってことだし、あれで死んでても自分では何も分からなかったんだから。

何とか体調も良くなって、いま困ってるのは治療費の心配かな。オプジーボは新しい薬ということもあって、とても高いんだけど、高額療養費制度など色々なものを使って、今は他の薬と合わせて月に15万円くらいに抑えられている。

でも15万円と言ってもまだまだ高いので、役所などに相談したら月10万円以下に抑えられそうなので、それで金銭的にはかなり楽になると思う。今はこの身体で収入がほとんどなくなってしまっているから、仮に毎月10万円以下になっても厳しいんだけどね。

まさかのコロナ被害

今使っているオプジーボという薬は、1回の通院で30分程度で出来る点滴なんだけど、それを3週間に1回の通いで打つ予定なんだ。それがこの間、2回目の治療の時に酷い目に遭ってさ。

まずは投薬の前に血液検査をしなきゃならないんだけど、その結果が出るのに大体60～90分かかるんで、一度自分の車に戻ったの。起きた状態で待ってられないくらい身体がキツくて横になりたかったし。

それで1時間くらい経って病院内に戻ろうとしたんだけど、入り口のサーモグラフィーに引っ掛かって、何をしても院内に入れなくなっちゃったんだよ。

ウロウロと立ち往生していたら、最終的に発熱外来に回されて、そこで体温を測ったら39度くらいに上がってしまってたんだ。

でも、それって少し待てば下がるんだよ。こっちは常に身体が癌細胞と戦ってて、平熱が38度くらいあるんだから、ちょっと動いたり体勢を変えただけでも、一時的に1度くらい体温が上がることもある。癌患者なんて心に余裕もなければ時間もないんだから、融通を利かせてほしいよ。

入り口のサーモが反応するのは、どうやら体温が38度を超えた時らしいんだけど、そうなるとただ院内に入れないというだけではなくて、ボクにとっては命綱のオプジーボを打ってもらえなくなるってことなんだ。２回目の効果をとても楽しみにしていたのに、その時はそれっきり血液検査だけで終わってしまったんだよ。だから次行く時は、どれだけ身体がしんどくても、血液検査の結果をずっと院内で待ってるしかないよね。

せっかく何度かオプジーボを打っても、予約の取り直しで間隔が1ヵ月も空いてしまうと意味がなくなるから、本当に何とかしてほしいよ。次の通院のタイミングでもし発熱していたら、二度とオプジーボが使えないかもしれない。

だって、オプジーボって定期的に打つから意味がある薬だし、癌の進行次第では1～2ヵ月間が空いたことが原因で死んじゃうかもしれないんだから。

せっかくがん研を選ぶところまでは上手にコロナ禍を回避出来たのに、今になってコロナ被害を受けているんだよ。そういう状況だから、肺に転移が見付かった癌なんか何も出来なくてほったらかしだもの。こっちはいいのかよって思うよね（笑）。

がん研でホスト活動

実は最近になって築地のがん研からもっと家に近い病院に転院したんだけど、おそらくがん研には完治は出来ないと見放されたんだと思う。絶対に治らないという判断なんだろうね。

それだからか、がん研では8月に倒れて緊急入院して以降はオプジーボを使った治療をしてもらえなくなって、新しい病院に移ってから担当医に「どうしてオプジーボを続けなかったんでしょうね」なんて言われてさ。それで試しに再開したら目に見えて効果が出たんだ。

自分としては、無理に延命して寝たきりになったり、人が人ではいられなくなるような状況になるのは嫌だから、人工呼吸器とかあらゆる延命処置を拒否すると誓約書を交わしてあるんだ。最期まで人間として好きに生きて人生を終わりたいじゃない。

だけど、治療すれば生きていられるというなら、もう少し頑張りたいんだよね。欲を言えば、息子が高校を卒業するくらいまでは生きていたい。

それでも、今自分がこうしていられるのはがん研のお陰なんだ。あそこでは居合わせたオバちゃん達を相手にホストみたいなことをやってて、あれはあれで楽しかったよ。自分の母親みたいな年齢の人も多くて、自分も含めてみんな近い将来死ぬ人達なんだけど、そんな残り時間の限られた人間同士で、朝からずっと喋りまくって過ごしていた。そういう状況でも、人と話が出来るというだけで元気になるし、心持ちが明るくなるんだ。ホストの原点みたいな話だね（笑）。

※

ここまでの取材で、筆者は沢木和也という人物に対して、良く言えばとことん前向き、悪く言うととことん自己中心的な人だなと感じていた。沢木氏はどれだけ失敗しようと、過去を悔いるとか、反省して考え方を改めるといった方向には向かわず、他人に弱みを見せず、ひたすら自分の好きな道だけを歩むタイプなのだと。

それが2020年10月辺りになると言葉のニュアンスに大きな変化が表れ、遂には弱音を吐いたり、他人への感謝の気持ちを素直に表現したり、またこれまでの自分を改めるような言動が目立つようになった。

これを病気の体調不良によるものと断じてしまうのは早計で、筆者としては「沢木和也を助けよう」という支援の輪が本人が思う以上に広まったことに対する、素直な驚きがあったのではないかと考えている。

金と命の選択

自分は昔から宵越しの銭は持たない性格で、「老後に備えて」なんてまだ先の話だと貯蓄には全く意識が向かなかったんだ。車を買ったり家を買ったり、財産として残る大きな買い物はしたけどね。でも現金を残さなかったことが災いして、癌になってから治療費の工面に苦労するハメになってしまったんだよ。

癌にしろ他の難病にしろ風邪とは違って医療費の負担がとても大きい。今頼っているオプジーボも、色々と保険や補助制度を勉強して、ひとまず月の負担額をだいぶ下げられたんだけど、仕事が定期的にこなせていた時期ならともかく、今の限りなく無職の状態だと、毎月５万円とか10万円なんて金額が出ていくのは苦しい。

息子が中学生で、これからどんどんお金がかかるし、自分に高額の医療費を使うくらいなら、彼の今後の人生のために積立ててあげたいくらいなんだ。

そうは言っても、自分の命があるからこそ作れるお金もあるわけで、今の俺は「命と金の選択」を突きつけられているに等しいよ。

自分が癌になって思い知ったけど、残酷なようだけどこの国は「金があれば生きられる」「金が無くなったら死ぬ」というシステムなんだよね。そういうシステムの中で生きているという自覚を、もっと早く持つべきだったなと少し後悔している。

今は「家族の負担になりたくない」「子供の人生の邪魔をしたくない」という想いと、「自分の命がある限りは何らかの手段で財産を遺してやりたい」という想いのせめぎ合いになっているんだ。

俺は女にモテたい一心で生きて来た人間だから、他人にこんな弱みを見せることなど無かったし、弱音を吐く相手もほとんどいなかった。後輩達はきっと沢木和也のことを常にイケイケで強気な暴君だと思ってただろうね。でも実際の俺は平凡なんだ。

よく業界内の人間にも「沢木和也がどういう人物か分からない」と言われることがあるんだけど、それもそのはずで、業界人の打ち上げや飲み会には滅多に参加しなかったし、プライベートの付き合いもほとんどなかった。

自慢じゃないけど、俺は思春期の頃からひたすら女のことだけを考えて生きてきて、セックスしてお金をもらいたいからAV男優になったような男なんだ。それが何が悲しくてチ◯コしか自慢がないようなAV男優達とプライベートでも仲良くしなければならないのか。

こう言うと「お前もそうだろう」と言われるだろうけれど、自分がそうだからこそ自分と同じような人間は身の回りに2人も3人も欲しくないんだ（笑）。

子供の頃にカブト虫を飼っていたことがあるんだけど、あいつらは何かというとすぐにメスにのし掛かろうとするんだよ。一日中それればっかりやってるの。言ってみれば、ＡＶ男優なんてそのカブト虫と同じ人種なんだ。いくら困り事があるからと言って、なぜカブト虫を頼らねばならないのかってさ（笑）。

俺はこうやって自分を棚に上げて物を言っちゃう人間だから、後輩からすれば面倒臭くて仕方なかっただろうね。

こんな調子で一匹狼を気取って今までやって来てしまったから、自分にはいざという時に頼れる相手や、何も言わなくても救いの手を差し伸べてくれる相手がいなかったし、今更そんな都合のいい人間が現れてくれるとも思えなかった。そもそも自分が周囲の人間に心を開いていなかったのだから、そうなるのが当たり前なんだよね。

でも50歳を過ぎて、身体がこうなって、出来ることより出来ないことの方が増えた今になって、自分の誤りに気付かされたんだ。

広がる支援の輪

自分自身もＡＶ業界人のクセに、ＡＶ業界人を全く信用していなかった俺なのに、病状を知るやすぐに無償で動いてくれた人間のほとんどがＡＶ業界人だった。それも全然面識のない人まで加わってくれたんだよ。

例えばＡＶ女優の川上ゆうちゃん。彼女は同じくＡＶ女優の友田真希ちゃんや風間ゆみちゃんとの配信番組の中で「沢木を助けよう！」と治療費を集めてくれた。金額を言うのはいやらしいのでここでは伏せるけれども、オプジーボだったら数回分になるまとまったお金を送ってくれたんだ。

こんな数字を言うと彼女達は嫌がるかもしれないけれど、ボクの残りの人生の内の半年分くらいは、大袈裟ではなくて彼女達が与えてくれたものだと思うよ。

それと世界で最も有名な日本人ポルノ女優であるMarica（まりか／長谷真理香）も、いち早く支援してくれた命の恩人だね。彼女自身も癌と戦っている最中なので、癌仲間と言ってもいいかもしれない。

彼女は「自分の癌とも戦うし、他人の癌とも戦ってやる」という意気込みで、自分も闘病中なのに、俺のためにわざわざアパレルメーカーさんと組んでチャリティーグッズを販売して、それで治療費を作ってくれたんだよ。

これまで散々女の尻を追いかけて来ただけの自分が、人生の後半になって女に命を助けられている。やっぱり俺の人生は女ありきだったんだなと痛感させられたよ。

それと、女性だけじゃなく男性の中にも親身になって動いてくれる人がいたことが何よりの驚きだったな。

たとえば、後輩のMや、Mが集めてくれた荒井さんや草下さんら『終活プロジェクト』のメンバーは全員男性でしょう。男相手にこんなに弱みを見せるとか、昔じゃ考えられなかったよ。

それに、AV業界内でほとんど付き合いの無かった人が、なぜか一生懸命ボクを支援してくれていたりもするんだ。その代表的な存在がマドンナで活躍している魁さんっていうAV監督。実は彼はMaricaやゆうちゃん達と連携を取りながら、誰よりも早く呼びかけを行ってくれたんだ。

業界人として、俺が彼に何かしてあげたことなんてないのに、どうしてここまで親切にしてくれるのか分からない。本当に感謝の気持ちしかないよ。

お恥ずかしい話だけど、20～30代のAV男優としてイケイケだった時代には、俺は他人のことなんて気にかけない自分勝手な男だったんだ。金銭面では潤っていたから、困ることなんてほとんど無かったし、仲間の必要性もそこまで感じなかった。

それが金でこんなに苦労して、ＡＶ業界の仲間や後輩に助けてもらうことになるなんて、全く想像も出来なかったよ。

初めのうちはなぜ自分のためにここまでしてくれる人がいるのか理解できなくて、「みんな詐欺をしようとしてるんじゃないか」って疑ったくらいだもの（笑）。

でもさ、実際に大きなお金を送ってもらったり、色々な人に励まされている内に、頼れる人間が誰なのか、裏切らないでくれる人間が誰なのか、そして本当に信じられる味方が誰なのかが分かったんだ。

色々と世話してやった記憶のある後輩のＡＶ男優がほとんど何もしてくれないとか、その代わりに魁監督のような人が助けてくれたりとか、今になって人を見る目や価値観が変わったよ。

クラウドファンディングを支援してくれた人達や、noteで金銭サポートしてくれた人達のように、今の自分には顔も知らない命の恩人が大勢いるんだよね。その人達のお陰で今の俺は命を繋ぐことが出来ているんだ。

これに気付けたというのは、変な言い方だけど癌になったお陰だし、人生の最期に金よりも大切な宝物を手に入れられた感じがするな。

第2章
少年・青年時代

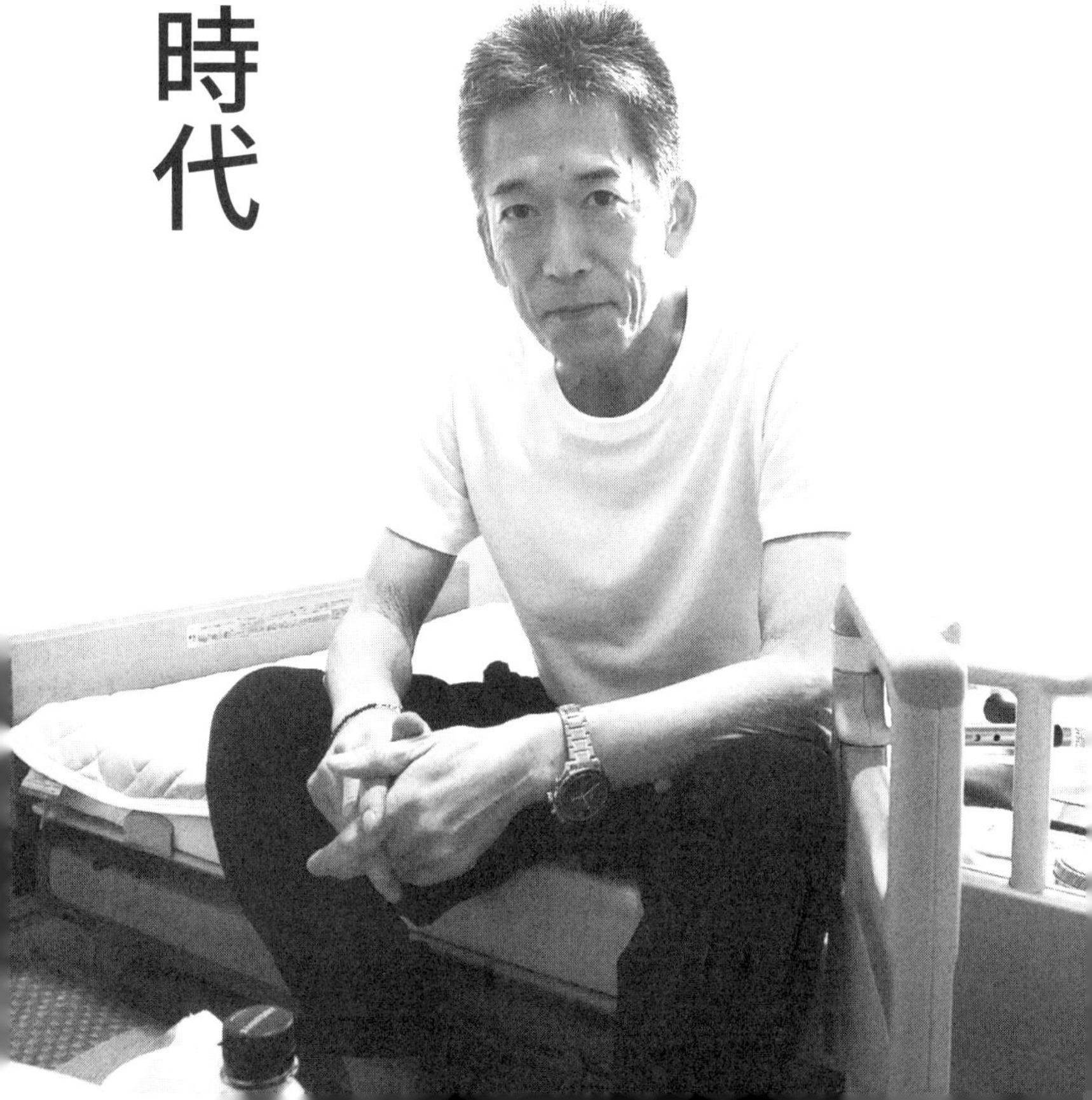

これは2020年6月頃、沢木氏との顔合わせ前の話だ。筆者は終活プロジェクトに携わるにあたって、沢木和也という人物について簡単に下調べをしてみた。

実際にお会いしたことこそなかったものの、元AV業界人として、そして昭和世代のAVファンとして、当然沢木氏の存在は知っていたし、その名を聞けば日焼けしたヤサ男の姿が目に浮かぶ。朝岡実嶺やきららかおりなど、レンタルビデオ屋でお気に入りのAV女優の作品を筆者が借りる度に、画面の向こうでカラミまくっていた羨ましい人物だ。

ところが、あれだけ有名なAV男優だというのに「女を〇〇人食った」といった武勇伝や、プライベートでの逸話など、人となりを表すような情報がほとんど見付からなかったことに違和感を覚えた。

これが例えば加藤鷹氏であれば、こちらが聞いてもいないことまで自分から話してくれるサービス精神旺盛な方なので、インターネット上にもいくらだって面白いネタが転がっている。

しかし、加藤氏と比較しても遜色ないほど大活躍していた沢木和也は、どうしてここまで情報がないのだろう。ちょうどプロジェクト発起人のM氏と会う機会があったので、率直に聞いてみたところ、Ｍ氏はこう説明してくれた。

「沢木の兄さんは本当に付き合いが悪くて、ＡＶ業界人でもどういう人間か知らないってヤツが多いんだよ。同じＡＶ男優仲間でも、現場での沢木和也しか知らないって人がほとんどだし。お前も業界にいたから分かるだろうけど、現場終わりで打ち上げやったりするじゃない。業界の忘年会の類も毎年あちこちであったしさ。あの人はそういう場にすら滅多に出てこないんだぜ。撮影で自分の出番が終わるや、ギャラだけもらって愛車のジャガーを飛ばして帰っちゃうんだよ（笑）」

確かに昔のＡＶ業界は金が有り余っていて、しょっちゅう打ち上げだの飲み会だのと飲めや歌えやだった記憶がある。ＡＶ監督としてはぺーぺーで、沢木氏やＭ氏と比べられるほどの立場ではなかった筆者でも、撮影予算を少し残しておいて打ち上げで焼き肉なんてお楽しみがあったくらいだ。

「そういう業界だったのに、兄さんは仕事でもなければ顔を出さない人だから、本当の人間性を知ってたヤツなんてオレを含めてほんの何人かだろうな。立ち振る舞いがそんななのに、実は寂しがりで電話魔で、酒なんか飲んじゃったら大変なんだから。留守電に『どこどこで呑んでるから来いよ』なんて強気のメッセージが入ってたとするじゃん。それに気付かなくて返事をしないと、10分おきくらいに留守電が入って、最後には電話の向こうで泣きべそかいてるんだから。夜中に『何で出てくれないんだよ！　俺とお前の仲はそんなものかよ！』って（笑）」

こうした話を聞かされて、筆者は沢木和也の人となりを知りたいと強く思った。沢木氏はとてもシャイで、その手の話をするのは苦手そうだったが、本書の執筆にあたり、あえてプライベートな部分を根掘り葉掘り聞かせていただいた。

この章では、テーマを生い立ちやAV業界入り以前の話に絞り、AV業界人でもあまり知らない、沢木和也の実像に迫りたいと思う。

息子へ何か残したい

俺が自伝を出すことや、その中でプライベートな話をさらけ出すこともアリかなと思った理由は、息子に何も残せず人生を終えるのは我慢がならなかったからなんだ。自分がどこまで生きられるか分からない以上、金でも何でも、少しでも息子の人生に役立つ物を残してあげたいんだよ。

息子のこの先の長い人生の中で、悩みにぶつかることは何度もあると思うんだけど、それまで俺が生きていて、直接アドバイスしてあげられるとは限らないでしょう。身体がこうなってしまうと、それが出来ない可能性の方が高いよね。

そういう何かの時に、親父の少年時代からを振り返った本でも残っていたら、決して無駄にはならないと思うんだ。

あまり人に言いたくない話や、思い出したくもない話も多いけど、そういう話こそ反面教師になるよね。それを「こんな生き方をして来た親父でもお前にバトンを渡すことが出来たんだ」と息子に伝えてやりたいんだよ。

いつか俺の命がなくなって、直接言葉をかけてやることが出来なくなっても、この本さえ残っていれば､迷える息子に「人生どうにかなるから信じたように好きにやれよ」とメッセージを伝えることが出来る。俺の『終活』ってその為にあるんだと思う。

野球少年かつガキ大将

俺が生まれたのは埼玉県の川口市で、小学生の頃は野球しかやっていなかったと言っていい。毎日毎日飽きもせず、学校が終わったらすぐにグラウンドへ飛んでいってた。

ただ、俺という人間はその頃から人格的に問題が多くて、まずいつも自分が中心じゃないと気が済まないんだ。だからピッチャーしかやりたくないの。

おまけに子供の頃ってグラウンド争奪戦は早いもの勝ちでしょう。それに勝ちたいがために、クラスの中で一番学校から家が近い子を抱き込んで、グラウンド取って来いと言ってたんだ。「絶対に負けるなよ、もし他の奴らに取られたら……」って。

そんなジャイアンそのもののようなガキ大将だったから、何度先生に怒られたか分からないよ。

今さら言うのもなんだけど、自分は個人主義過ぎて全くチームワークに向いていないんだよね。そんなヤツなのに、なぜかチームワーク第一の野球に夢中になってしまって、小学生時代は1日もサボらず、遅刻もせず、来る日も来る日もグラウンドで友達を集めて野球に没頭してたんだ。

考えてみれば、その頃すでに周囲の同級生から一線引かれていた気がする。友達らしい友達がいなくて、いつも周囲に気を遣わせてしまう、気を遣われてしまう、そんな面倒な子供だったように思う。

毒親化を猛省

少し話が飛ぶけど、この野球少年だった頃の記憶が、後に息子にとんでもない辛い思いをさせてしまう要因になってしまったんだ。

というのも、息子が「どうしても硬式野球をやりたい」と言ってくれたのがとても嬉しくてさ。俺の方がテンション上がっちゃって、快く始めさせてあげたのはいいものの、自分の少年時代を物差しにして厳しくし過ぎたんだよ。

例えば、息子が体調不良を理由に練習を休もうとしたら「それは自己管理が出来ていないからだ」「お前の準備不足だ」と許さない。一切弱音を吐かせない。

子供時代の自分がたまたま野球に夢中で、野球のことだけ考えていれば楽しく生きていられたというだけなのに、その感覚や価値観を息子にも押し付けてしまったんだよね。

それだけならまだしも、絶対に自分では出来なかった「毎日素振り○○○本！」といった過剰な練習まで無理強いしてしまったんだ。

それを今になってとても後悔している。自分と息子は違う人間なのに、本当にかわいそうなことをしてしまったと思う。

こちらとしては、息子も自分と同じように野球好きになってくれたことが嬉しくて、何が何でも上達させたい一心だったんだけど、息子からすれば迷惑なだけだったろうね。いわゆる毒親っていうのはこういう人間を指すんだと思うよ。

そして俺の都合で軟式野球をやめてもらい、中学の野球部に入ってもらったんだけど、そこで父親から離れられて野球が出来て、とても楽しそうにしているよ。今後も野球を続けるのか、他のことをするのかは分からないけど、うるさい親父もいなくなることだし、これから先は本当に自分の好きなようにやってほしい。

じゃあ次はこの野球少年の親父がその後どうなったかについて話をしようか。先に言っておくけれど、ここからの話は息子への「偉そうにしてる親父だって実際はこんなだから、お前も自由に生きて行けばいい」っていうメッセージだと思ってほしいな。

おやすみ病

野球の話の前に、ひとつ思い出したことがある。小学生の頃の話なんだけど、俺には変な病気があったんだよ。自分では「おやすみ病」なんて呼んでるんだけど、寝支度をして、さあ寝るぞとなったら、何度も何度も親に「おやすみ」を言うんだ。それで言う度にちゃんと返事が返って来ないと、心が落ち着かなくて寝れなくなってしまうの。

親も最初は受け答えしてくれるんだけど、本当に何度も何度もだから、さすがに何回目かの「おやすみ」で怒り出すんだよね。「うるせえ早く寝ろ！」って。それが小学校6年生くらいまで続いたかな。

俺は親父の方針で、物心ついた時から1人部屋で、1人で寝ていたんだ。母親はせめて小学校に上がるまでは一緒に寝てやろうと考えていたらしいんだけど、親父が引き下がらなくて、ずっと1人で寝させられていたんだよ。それで精神的にバランスがおかしくなってしまったのかもしれないと思ってる。親に甘えたいのに甘えられないとか、スキンシップが足りないとか、そういうのがトラウマやストレスになっていたと考えるのが自然だよね。

そういう経験があったから、40歳になって子供が生まれて、自分なりに子育てについて考えるようになった時に、息子には同じことをしたくなかったから、絶対に寂しい思いはさせないと誓ったし、実際にそんなかわいそうなことはしなかった。

野球の件では毒親として大暴走してしまったけど、それは自分にとって野球がとても楽しいことだったからなんだよね。それと比べると、この話は自分にとって辛いだけだったから、絶対に息子が寂しいと感じるようなことはしなかった。

俺なりに考えて子供と接して来たつもりなんだけど、思い返してみると反省ばかりで、子育てって本当に難しいよ。

サラバ野球

小学生の頃までは野球にしか興味がなかったんだけど、中学校に上がると色々とおかしくなった。思春期に入る頃なんてみんな変わらないと思うんだけど、自分はそれが度を越してたんだよ。

まず、俺が最初に入学した中学校は新設校だったからか野球部がなくて、そのせいで野球から引き離されてしまったのね。そして当時住んでいた川口市の家が、外環道路の建設予定地になってしまって、立ち退きをしなければならなくなった。それで親父が立ち退き金で同じ埼玉県内に新しくマイホームを買ったんだけど、それが川口から遠く離れた桶川市でさ。そこに引っ越して、当然入ったばかりの中学校も転校することになったんだよ。

この環境の変化によって、その後の人生が運命付けられたと思う。というのも、川口市の中学校は男は問答無用で全員坊主だったのに、次の桶川の中学校では髪型は自由で、多少伸ばしても何も言われなかったんだよ。そのせいもあって一気に色気付いたな。やっぱりそういうお年頃だと、髪型への興味とかこだわりが大きいじゃない。

ただし、運動部に入る場合は話が違って、部活ごとのルールが優先されるから、部によっては坊主頭が強制されるの。それを知って野球部に入るべきかどうか迷いに迷ってね。筋金入りの野球少年だったはずなのに、少しの間野球部から離れて生きていたら価値観が変わってしまって、野球と髪の毛で悩む程度にまで優先順位が下がっていたんだよ。

その時点ですでに「坊主頭にしたら女にモテない」「イカつい男の中で揉まれるより、女という生き物に囲まれていたい」なんてオスの本能が芽生えていて、野球よりも友達を作って遊ぶ方に意識が傾いたんだ。

それに引っ越しのタイミングも良くなかったな。我が家が川口から桶川に引っ越したのは中学1年生の夏休みだったんだけど、学生の部活動でとても重要な夏休みをパスしたことで、「今さら野球部に入るの？　坊主頭にしてまで？」と、野球部への入部を躊躇してしまったんだ。初年度の夏の特訓を経験したかしないかって大きいでしょう。

前にも言ったけど、俺は当時から自分が中心にいて目立てないと我慢ならないタイプだから、そんなヤツが入学と同時に野球部に入った同級生達を追い掛ける立場で、地道な努力を積み重ねるなんて出来るはずがないんだよ。

結論を言うと、俺の野球人生は早くもここで終わり（笑）。息子に練習を無理強いして毒親化するほどなのにさ、自分自身は髪の毛を切りたくない、女にモテたいという軟弱な理由で、あっさり野球を捨てたんだよ。

もし息子にこの事実を知られたらどう思われるか、父親として不安で仕方ない。息子には「ホントにごめん」としか言いようがないね。

性の目覚め

自分が中学1年生くらいの頃は、性の知識もなければ、それを得られる手段も少なかった。インターネットもないしね。だから「子供は尻の穴から出てくる」と信じていた同級生がいたくらいだし、俺自身も子供を産む時は必ず腹を切らないと取り出せないと思い込んでいた。中学校に上がった時点では、それくらい女という生き物が理解できていなかったんだ。

それが射精とオナニーを覚えた辺りから、加速度的に性に目覚めて行ったの。どうやってオナニーのやり方を覚えたのか記憶は定かじゃないけど、おそらく同級生とのバカ話で「チ○コをこすると気持ちいい」なんて吹き込まれたんだろうね。

でも、はじめの頃はやり方がよく分からなくて、ひたすら丸めた布団に擦り付けていたよ。その頃は皮を被ってたから、発射しても全部皮の中に出てくれて、布団を汚さずに済んだのを覚えてる（笑）。

そんなことをやり出してからというもの、スポーツへの興味なんか全く無くなってしまって、毎日狂ったように何度もオナニーをして、性に関する情報収集をして、全知全能をそこだけに傾けるようになったんだ。とにかく女にモテるのが第一で、女の子のおっぱいや股間にしか目が行かない猿のようなガキだった。

野球に夢中になったり、女に夢中になったり、そうするとそれ以外がどうでもよくなったり、この辺りに共通点はあるんだけどね（笑）。

恋

実際に女の身体に触れる経験に関しては、中3から高校入学の辺りにかけて最初のピークがやって来たな。中3の時にある女の子と付き合っていたんだけど、その頃はその子のことばかり考えてた。

俺の女性に対する情熱は当時からハンパじゃなくて、偏差値が45くらいしか無かったのに、その彼女と同じ高校に入りたい一心で勉強して、偏差値60もある私立高校に受かっちゃったんだから。

その話の補足みたいになるけれど、その頃はストーカーだったかもしれないと思うほど1人の女性に執着してたんだ。好きな人のためなら、待ち合わせもしていないのに、その人が通るであろう場所で何時間でも待ってるの。通学路でも家の前でも、来るかどうかも分からないのに、ひたすら待ち続けるんだ。

そんな気持ち悪いヤツなのに、他の女ともそれはそれって感じで平気で遊んでてさ。それで好きな女の子に嫌われて、そこで初めて「これはダメなことなのか」って気付いたんだ。

これだけは生涯直らないんだけど、ストーカー気質だった割になぜか純愛路線には全然行く気がなくて、２人目にセックスした相手とはいきなり３Ｐを経験してしまったんだよ。まだセックス自体の経験がそれほどないのに、早くも２人目で、なおかつ複数プレイとは暴走もいいとこだけど、逆に言えば本当にＡＶ男優が天職だったんだろうなと思うよ。

こんな調子だから、高い入学金を払ってくれた親には申し訳ないけど、折角入学した私立高校なのに1年で辞めてしまって、その後は「女と身近にいられること」だけをテーマに色々な職を転々としてた。学生ではなくなったことで、女性との接点や、そこに費やせる時間がさらに増えたから、性欲暴走人生が本格的にスタートしたのはここからだろうね。

息子に伝えたい父の生命力

息子が野球を始めてくれたのが嬉しくて、つい毒親化してしまったと言ったけど、息子には俺の性格を見習ってほしい部分もあるんだ。

例えば、俺と息子には野球以外にも共通点があって、野球にばかり熱中していたせいで、揃って泳ぐのが大の苦手なんだよ。

だけど、俺の場合は泳げもしないのにサーファーをやってたの。サーフボードを持ってナンパするだけの、いわゆる丘サーファーってやつ。だってボードさえ持っていれば女といくらでもヤレたんだから仕方がないよね。波に乗って体力を使うくらいなら、女性の身体に乗っかって汗をかいた方がいいじゃない（笑）。

俺は泳げないから、いまだに水に入るのが怖いのね。息子も泳げないから、多分似たようなものだと思う。だからといって海やプールを避ける必要も、引け目に感じることもないんだ。水に入れなくても、海パン1枚で楽しめることは色々とあるんだから。

それに、泳げない方が水を恐れるから絶対に溺れないでしょ。水に入るという選択肢が消えるのだから、より一層ナンパに集中できるじゃない。

息子には色々と反省すべきこともしてしまったけど、こういう親父の強《したた》かさは是非引き継いでほしいんだよ。苦手なことがあったっていいし、苦手だからって卑屈になったり、恥ずかしがる必要なんかないんだ。堂々と美味しいところだけ摘ませてもらえばいいの。こういう気の持ちようひとつで、人生はいくらでも楽になるんだってことを教えてやりたいな。

婦人服売り場に潜むド変態店員

中3から高1にかけて、初めての彼女、初めてのセックス、そこから大暴走して初めての3Pと、順調に性欲第一の人生を歩み始めたんだけど、学校を辞めてから暴走はさらに酷くなった。

自然と引き寄せられるようにして東京に出て来たんだけど、埼玉県民のあるあるで、まずは池袋に住むことになったの。よく「埼玉県民が最初に見る都会が池袋」なんてことを言うけど、あれはあながち大袈裟ではないよね。だって、どの電車に乗っても最終的には池袋に連れて来られちゃうんだから（笑）。

その当時は16歳で、少しでも女性との接点を作ろうと「女！　女！　女がいる職場はどこだ!?」と考え抜いた末に、赤羽のダイエーの婦人服売り場に潜り込んだんだ。この頃から人生を懸けて女の尻を追い掛けていたと思うと、我ながらブレずに歩んで来られたなって満足感すら覚えるよ。

この赤羽ダイエーの婦人服売り場は、今から思うと荒れ放題でさ、一緒に働いていた社員の中には、毎日売上帳簿を工作して金を抜きまくってたヤツまでいたんだ。そいついわく、棚卸の時に全部万引きされたということにして処理すれば、絶対にバレなかったそうだよ。

　そんな荒れた職場にあって、俺も俺で自分の変態性を余すところなく発揮できたんだ。何と言っても下着コーナーが大のお気に入りだったな。自分がレジに入っていると、若い女の子が下着を手にしてモジモジし始める。そしてレジをちらちら見ながら、店内を行ったり来たりするの。下着を買おうという時にレジに若い男がいるなんて、同年代の若い女の子にとっては恥ずかし過ぎるシチュエーションだもんね。

　そんな時、気の利く店員なら女性スタッフと交代する選択肢もあったんだろうけど、俺は女の子が恥ずかしくて挙動不審になっている姿を眺めるのが大好きだったんだ。それが見たくて婦人服売り場で働いているようなものだよね。こんなご馳走を前にして他人と交代するなんて有り得ないから、女の子達には申し訳ないなと思いつつ、可愛らしい姿を心行くまで愛でさせてもらったよ。こんな光景を1日中楽しめて、さらに給料がもらえるなんて、実に労働条件の良い職場だったなと思う。

　それにミドルティーンの男なんて職場で俺くらいしかいないから、従業員のお姉さん達にそれはそれは可愛がられてね。当然、男女の仲になってヤラせてくれたお姉さんもいたし、他にもご飯を食べさせてくれるとか、弟みたいに可愛がってくれた人もいたね。

働いてそれなりに収入がある女性ばかりだからか、周囲にいるお姉さんの多くが気質的に男をサポートしたくてしょうがないって人だらけだったの。尽くす女って言うのかな。

ＡＶの世界に入ってからも、自分の身体を売って稼いだ金をジャブジャブ男につぎ込んじゃう女性を何人も見たけど、あれは母性の一種なんだろうね。そういう子って自分がどれだけ不幸になっても貢ぎ続けちゃうもんね。

それはともかく、俺は日々そういう人達に囲まれて、17歳の時点で私設ホストみたいな立ち回りをしていたんだけど、その恵まれた環境のお陰で女性に対する考え方がどんどん狂って行ってさ。最終的には「女は金をくれるもの」と思い込んでしまったんだ。

特に羽振りが良かったのが、社員の中でも美容部員のお姉さんたち。美容部員って、ようは資生堂とかカネボウとか化粧品売場で働く人なんだけど、ヤンキーや不良上がりが多かったんだよ。だから面倒見はいいし、セックスのハードルも低いし、金は持ってるから飯は食わせてくれるし、気付いたらそれが当たり前なんだって考えるようになってた。「女と付き合うと金がもらえるんだ」って。この時期にその後の沢木和也の方向性が固まってしまったと言ってもいいかもしれない（笑）。

どれくらい考え方がヤバかったかというと、若い頃に何度かソープランドに行くこともあったんだけど、「これは違う」と感じちゃってたんだから。「なんで自分が高い金を払って女とセックスしなきゃいけないんだ」って。「俺は金をもらわなくちゃいけない立場なのに」って(笑)。女の近くにいたくて婦人服売り場で働き出したのに、ちょっといい思いをしたからって、そこまで思い上がっちゃうんだから酷いよね。

沢木和也誕生秘話

10代で性に目覚めてからは、俺の人生で最も大切な価値観は「女とヤレるか否か」になったんだけど、そういう心掛けで生きているから、16歳で黒服仕事をしてみたり、海なし県の出身で泳げないのにサーフィン(丘サーファー)をやってみたり、不良っぽい方がモテるとなればツッパってみたり、少しでも女と遭遇出来る確率が高くなる選択肢を選び続けて来たんだ。よくよく考えてみたら、女と接触したいから婦人服売り場で働くって短絡的な思考もどうかしてるよな。

でもさ、そんな浅はかな生き方をしていると、悪い奴に騙され放題で、とんでもない罠にハマってしまうのがお約束でしょ。これは今まで明かした覚えがないんだけど、『沢木和也』

という芸名がどうやって誕生したかについて語る上で、そういう大失敗の話は避けられないんだよね。

「欲に目が眩むとどうなるか」という反面教師にもなるから、決して沢木と同じような失敗をしないように気を付けろって書いておいてほしい（笑）。俺の場合は笑い話のレベルで済んだけど、最悪の場合は命がどうなっていたか分からないくらい危ないからね。

17歳の頃、赤羽の婦人服売り場を辞めたすぐ後の話だね。あの婦人服売り場の仕事は条件的に悪くなかったし、自分の変態性を満足させてくれる場所ではあったんだけど、段々と「もっと女と密接になりたい」と思うようになってしまったんだ。

婦人服売り場では、お客さんを視姦したり、女性従業員のお姉さんにお世話してもらったりするのが限界だけど、その環境に満足出来なくなってしまったんだよ。それで仕事を辞めて、もっと自分の欲望を直接的に満たしてくれる居場所を探し始めたんだ。

ところが、当時はまだインターネットなんか無い時代だから、「モテたい」「ヤリたい」なんて偏った情報を探す手段は限られていたの。そこで俺が目を付けたのが、当時のスポーツ新聞なんかに載っていた三行広告なんだ。

当時の三行広告っていうと、女性向けの風俗の募集広告が頭に浮かぶよね。「高給保証」と書いてあったら１００％ソープ嬢みたいなアレ。その中に数は少ないけど男性向けのホスト募集や、ビニ本（中身が見えないようにビニール袋で包装されていたヌード雑誌）モデルの募集広告も載っていたんだよ。

俺はより直接的に女と接触できる仕事がしたかったから、もっと言うと金をもらってセックスできる仕事がないか、その枠を一語一句見逃さないように凝視するようになったんだ。

今にして思えば「物を知らな過ぎ」だとか「東京の怖さを知らないおのぼりさん」だとか、我がことながら色々と言えるけれど、当時の俺は女とヤリたい一心だから、その三行広告の内容がウソっぱちで、悪いオトナに騙される可能性があるなんて全然考えなかった。本当に純朴な田舎の少年だったんだよ（笑）。

だから「ビニ本モデル募集」という文言を見付けて、素直に「ビニ本のモデルなら実際にセックスしているところを撮影するはず。ならばこれは女とヤって金がもらえる仕事だ！」と信じ込んでしまったんだ。

それで「こんな美味しい仕事を他の人間に奪われるわけにはいかない！」って、載っていた番号に即座に電話をかけたら、すぐ面接に来てくれとトントン拍子で話が進んでさ。俺の中ではもう現場で女とセックスし放題なバラ色の未来が見えちゃったんだ。

ところが、面接場所に指定されたのは新宿二丁目。今ならこの地名を聞いた時点で逃げる準備をするけれど、当時の俺は新宿二丁目がいかなる場所か全く知らなかったから「やっぱりこういう仕事は新宿みたいな都会にあるんだな」と納得しちゃって、踊るような足取りで指示された住所へ向かったの。

電話で教えられた通りに歩いて行くと、到着したのは古いマンションの一室でね。中に入って大人しく待っていると、奥からオジさんが出て来たんだけど、彼は開口一番こう言うんだよ。「早くお○んちんを見せてみなさい！」って。挨拶すらロクにしてないのにだよ。

それでも俺はまだ危機感よりも女とヤリたい気持ちの方が勝っていてさ、「そうだよな、モデルなんだし、どういうモノを持っているか確認するのは当然だよな」と納得して、言われた通りにオジさんの前でパンツを脱いだの。

するとそのオジさんは躊躇することなく俺のモノを手に持って「ちょっとアンタ！　これ昨日使ったでしょ！」なんて言い出したんだ。俺はそれに心底驚いて「なんで分かったんだ!?　このオジさんは超能力者かもしれない!!」って、そのオジさんに対して従順になってしまったんだよ。「都会って凄い人がいるんだな！」って（笑）。

そんなこんなで、広告にはビニ本のモデルと書いてあったはずなのに、なぜか今日からすぐ店に出ろって言われてさ。どうしてか逆らえなくて、全くその気もないのにオジさんが経営している二丁目のＢＡＲで働くことになったんだよ。

働き始めるにあたってオジさんが「アナタに名前を付けないとね」と悩み出したんだけど、しばらくしてこう言い出したんだ。「そうねえ、アナタは前に働いていたカズヤ君に似ているから、和也にしましょう」って。これが沢木和也という芸名の、和也が決定した瞬間だよ。

ちなみに、沢木和也の沢木の方は、当時好きで読んでいた村田ひろゆき先生のマンガ『ころがし涼太』という作品の登場人物から取ったんだ。主人公の友人に沢木ってキャラクターがいて、その字面を見て「あ、この苗字いいな」って感じたの。

だから沢木和也という芸名の生みの親は、漫画家の村田ひろゆき先生と、超能力者のオジさんこと、二丁目のゲイＢＡＲ『愛』のラブママなんだよね。

幻のウリ専ボーイ和也

「女とセックスをして金がもらえる仕事」を求めてたはずなのに、三行広告を信じたがために新宿二丁目に紛れ込んじゃってさ、おまけにゲイＢＡＲのママに逆らえなくなって、なし崩し的にそこで働くことになってしまうなんて、当時の俺には全く予想も出来なかったよ。

これは後から思ったことなんだけど、俺がヤラれたこの「考える余地を与えない」「手段を選ばず一度ヤラせてしまって既成事実を作る」って手法は、詐欺や宗教や様々なアングラ稼業のほとんどに共通する落としの技術なんだよね。

このアングラ業界の常識とも言えるやり口があまりに横行し過ぎて、みんなそれが違法行為だとか、法律以前に憲法違反だなんて当然のことが頭から抜けちゃって、気付いたら各業界の常識になってしまったんだと思う。

こういうのが積もり積もって、後に『ＡＶ出演強要問題』にも繋がって行ったんだろうな。

言ってみれば俺は『ゲイＢＡＲ労働強要被害者』だよ（笑）。

すでにラブママは鬼籍に入っているから言葉を選ばず言っちゃうけど、実はこのママのお店はウリ専のお店だったんだ。ウリ専って、店に並んでいる男の子を買えるお店で、ボクは単なる飲み屋の従業員ではなく、ウリ専ボーイとして即日店に立たされたの。

俺が働くことになったラブママのお店は、店内に常に20人くらいの男の子がいて、みんなカウンターに並んで自分を買ってくれるお客さんを待っていたんだ。その店に流れ着いた事情は様々だっただろうけど、当時はゲイでウリ専をやっている男の子はそれほど多くなくて、お金の為にガマンしてやっているというノンケの子がほとんどだったと思うよ。ノンケ喰いが好きな買い手も多かったし、需要と供給は合ってたんだろうね。

ところがさ、俺はラブママに押し切られてしまっただけで、ゲイの素養がないどころか、そもそも男に身体を売るつもりなんてなかったの。俺がやりたかったのは、あくまで「女とセックスして金がもらえる仕事」であって、「オッサンに抱かれて金を稼ぐ仕事」じゃないんだから。優先順位で言えば、まず女で次が金だったんだよ。

だけど、そういう場違いな気配がウケてしまったのか、俺には早速お客が付いちゃってさ。そこそこの身なりをした恰幅の良いオッサンに気に入られて、相席することになったんだよ。そのオッサンは妙に話が巧くて、気付いたら俺は見事に丸め込まれて身体をまさぐられたり、ベロキスされたり、無茶苦茶ヤラれちゃってたんだ。

話の流れで見せてもらった名刺で知ったんだけど、俺にとっての初めての男だったそのオッサンは、なんと国会議員の先生だったんだ。そりゃ10代の若造を口八丁で言いくるめて欲望のはけ口にするくらい、何の造作もないことだっただろうね。

問題なのがウリ専のギャラに関するシステムでさ、俺が働いた愛という店では、ショートかロングかで店外に行かないと、ウリ専ボーイにはギャラが発生しなかったんだ。

中には２階が連れ込み部屋になってる飛田新地の店みたいなＢＡＲもあるけど、ラブママの店はそうじゃなくて、客が別料金を払って男の子と店外デートでラブホに行くってタイプだったの。その店外デート代を店と男の子で分けるってシステムだね。

でも俺は初めてでそういう流れもよく分からないし、そもそもオッサンに抱かれたいなんてこれっぽっちも思ってないわけでさ。その時は店内の席で国会議員のオッサンに好き勝手やられたものの、最後の一線だけは守りたいと店外デート（セックス）だけは頑なに拒否したの。何が何でもお尻の純潔だけは守りたかったんだ。そのせいもあって最後の一線だけは超えずに済んだけど、その代償にここまで好き勝手にヤラれたのにノーギャラで終わり。わざわざ交通費をかけて面接を受けに行って、その日の内にこんな目に遭ったんだから、都会は怖いと言うしかないよな。

女とヤリたかっただけなのにオッサンにヤラれて、おまけに金ももらえないだなんて、あまりにも想像も付かない出来事だったから、さすがの俺もショックが大きかった。それで当時一緒に住んでいた友人の鈴木君に頼み込んで、翌日兄貴のフリをして店に電話してもらったんだ。「弟は体調が悪いと言っています」とラブママに伝えて、そのままバックレ辞めしたよ。

折角の貴重なウリ専ボーイ体験だったのに、１日お店に立っただけで心が折れて、お金ももらえず逃げてしまったっていう、笑えも泣けもしない散々なオチだよね。

欲に目が眩んで短絡的な行動をすると、こういうとんでもない罠にハマるんだよ。法律の通用する常識的な世界と、それが通用しない非常識な世界とは、実は簡単な接点で繋がってるからね。全然遠い世界の話ではないから、人生の選択をする際にはよくよく注意してほしいな。

脅かすわけではないけれど、今の時代にもこの手の酷い話は手を変え品を変え、あっちこっちに潜んでいるからね。

和也少年ＡＶ出演強要事件

新宿二丁目のウリ専から逃げ出した直後、俺は性懲りもなくまた三行広告で仕事探しをしていたんだ。今でこそ「三行広告は危ない！」と分かるけど、当時の俺はとにかく純粋で、「そこに書かれている文字列は全て真実なのだ」「ボクを騙す悪い人間なんかいない」という前提でさ（笑）。そんな調子で来る日も来る日も三行広告を食い入るように熟読していたんだ。

お陰で目の前の地雷を全部順番に踏んで行くみたいなマヌケなことになってしまってたん

だけど、それがマヌケじゃ済まない一線超えた危ない目に遭ったのが18歳の時だった。ラブママの店での一件も大概だとは思うけど、次の話はそんなの比べ物にならないよ。

本当に自分でもバカだと思うんだけど、ある時日課の三行広告監視をしていたら、AV男優の募集広告を見付けて、「これだ！」と反射的に電話をかけてしまったの。この時も純粋なボクは「金をもらって女とヤレる夢のような仕事を他人に渡すわけにはいかない！」って、人気アイドルのコンサートチケットを取るかのような勢いで必死にダイヤルしたんだ。すると何の問題もなく電話が繋がって、いついつスタジオに来てほしいと、またトントン拍子に話が決まったんだよ。

繰り返しになるけど、本当に当時の俺はバカだった。本を読んでくれてる人が想像しているよりも数段バカだったの。なぜならさ、この時も呼び出された場所が新宿二丁目だったんだよ（笑）。

それなのに俺は全く疑わずに教えられた場所まで訪ねて行ったんだ。まだ新宿二丁目という土地が分かっていなかったんだよね。だから「やっぱり新宿はそういう仕事が多いんだな」って思い込んじゃって、スタジオに着いたらすぐに女とヤレると信じてウキウキ気分だったんだ。自分で言うけど、本当にどうしようもないよな。

駅から少し歩いてスタジオに到着すると、すぐさまスタッフと思われる男達に取り囲まれてね。それも2人揃ってレスリングやラグビーの経験者なのか、坊主頭で耳が潰れててさ、筋肉で出来たダルマみたいな体型なんだよ。

そんな屈強な男を相手にして、女とヤルことしか考えてない10代の若造が逆らえるはずないじゃない。それでそのままロクに説明もなく、なし崩し的にシャワーを浴びることになったんだけど、なぜかそこでスタッフの男も浴室に入って来て、すね毛や陰毛を剃るって話になったんだ。

何も業界を知らないから、俺はまた「確かに毛は邪魔かもな、そういうものなんだな」と納得しちゃって、風呂場でなすがままにされていたんだ。仮に逆らっても勝ち目なんかないしさ。そしたらあっという間に全身ツルツルにされちゃってね。

するとお次は「カメラテストだ」と言われ、わけも分からないままカメラの前に引きずり出されて、そこで「オナニーをしろ」なんて指示が飛んで来るの。俺が躊躇していたら、スタッフが「カメラの前で緊張せずにモノを使えるかどうかを見るんだ」とか言いくるめにかかって来たんだけど、実はこれこそゲイビデオ業界あるあるなんだよ。

今現在のあの業界の話は知らないけれども、少なくとも俺が騙された当時は、こうやって商品を作るのが当たり前とされていたんだ。

俺がヤラれたのは、ゲイビデオへの騙し出演。スタジオに閉じ込められて、屈強なスタッフに囲まれて逃げ場をなくされて、その状況で適当な言い訳でカメラの前に引っ張り出されるのね。そして裸にされて、射精するまでナニを弄《いじ》くれと命令されるの。これは全てカメラテストとして行われるから、堂々とカメラで一部始終を撮影されるんだ。

これに対して数千円のギャラ（テストという名目なので激安）は出るんだけど、テストのはずの映像が、後日なぜかそのままゲイビデオに流通されて、顔モザイクも何もない状態で売られてしまうんだよ。

当然、宣伝のためにゲイ雑誌に商品情報やレビューも掲載されてね。テストというだけだったはずなのに、二次三次的にどんどん自分の顔や裸がばら撒かれて行くんだ。

これがあの当時のゲイビデオの作り方の常套手段でさ、当時はゲイ専門のプロダクションなんか無かったはずだから、モデルを確保する手段としてこういうやり方が捨てられなかったんだろうね。全然同情なんかしないけど。

ただひとつ言えるのは、俺は実際にそういう違法行為をされた被害者だってこと。これは被害者による告発なんだから、ゲイ業界の人間がこれを読んでも何の文句もないはずだよ。

全部自分達が実際にヤラかして来たことなんだから。文句があるならまず俺に謝れよって話だからね。

この話は笑えるかどうか微妙なところだけど、後にＡＶ業界に入ってから男優仲間とそんな話をしていたらさ、俺と同じように三行広告に釣られてスタジオに閉じ込められて、カメラの前で射精するまで帰してもらえなくなったってヤツが何人もいて驚いたよ。

当時は俺と同じように、みんなネットも何もない状況で、とにかく女とヤリたくてあっちこっち寄り道して、それで結果としてＡＶ業界に流れ着いたんだ。だから通って来たルートや踏んだ罠が、どうしたって似通ってしまうんだよ。

おまけにそんな映像を無許可で売られたら、ゲイ業界の歴史に残る大ヒット商品になっちゃったなんてヤツもいてさ。後生なので名前は出さないけど、俺以上に世の中に名前が知られている某有名ＡＶ男優なんて、ＡＶデビューより前にそんな罠に引っ掛かって、ゲイビデオの世界で大人気になっちゃったんだから。そのビデオの中でも駅弁やってたのか聞いてみればよかったね（笑）。

あの時代は三行広告から新宿二丁目送りになって、そこでゲイ業界の非合法な洗礼を浴びて、それを経てＡＶ業界入りするっていう、謎の闇ルートがあったんだよ。

ＡＶ男優なんて商売はチャラチャラした気楽な仕事だと思われているだろうけど、実はそれなりに危険や破滅と隣合せの商売でもあるんだ。やっぱり性欲でも金でも名誉でも、人間の欲望がダイレクトに絡む業界は危険極まりないということを頭に入れておいてほしいな。

出演強要は間接的な人殺しだ

俺の経験談から分かってもらえたと思うけど、騙されて売られて裸の仕事をさせられるのは、何も女性だけではないんだ。この問題で一番大事なのは、男女関係なく相手が望んでもいないのに裸仕事を強要してはいけないって点だよ。

俺や他のＡＶ男優が経験しているゲイビデオの騙し出演は、ようはＡＶ出演強要問題で問題視された部分と全く同じだもの。今回は俺自身が受けた被害ということでゲイビデオの業界に対して言わせてもらったけど、ＡＶだって似たりよったりの悪さをして来た罪深い業界なんだよ。

そういうＡＶ業界の闇の部分は後日改めて語るけれど、ここではＡＶ業界に対して「もう令和の時代なのだし、改めるべきところは素直に改めて、こんな騙され方や泣かされ方をする人間が現れないようにしてほしい」とだけ言っておきたいね。

　こういう話は俺みたいな人間だから笑い話にしているけど、もう少し人格や価値観の違う人間が同じ被害に遭っていたら、自死を選ぶ可能性だって充分にあるよ。

　だってターゲットが男でも女でも、逃げられなくするのに借金を負わせたり、何らかの手段で拘束したり、精神的にも物理的にも支配しようとするでしょう。

　そんなことをヤラれたら、裸仕事に耐えられないだけじゃなく、その状況が苦しくて心が壊れて自殺しちゃう場合もあるからね。

　今はネットもＳＮＳも発達して、みんなが手軽に情報発信できる時代だから、ヤクザでも不良でも、悪いことをしたら証拠付きで暴かれてしまうよね。だからＡＶみたいな違法行為に目をつぶってもらって成り立っているような業界は、気を引き締めて違法性を減らしていく努力をしなきゃ。

　だいぶ恥ずかしい話をしちゃった気がするけど、ここまで来てやっとＡＶ男優としての話が出来るよ（笑）。こんな具合に数知れない地雷を踏み抜きながら世の中を渡り歩いて、やっとのことでＡＶ男優の沢木和也になれたんだ。

念願のＡＶデビュー

俺はバカだったから、何度も三行広告に騙されて、その度に新宿二丁目に送り込まれてゲイ業界の生贄にされていたけど、20歳になって遂に念願叶ってＡＶ業界に入れる時がやって来たんだ。

その時点で銀座の黒服とか色々と夜の世界の仕事を経験していたんだけど、ある時俺が黒服として管理していた女の子のうちの１人から、「彼氏の兄がＡＶ男優をやっている」と聞かされてね。

それを聞いて俺は「こいつだ！」と思ったね。やっぱり俺が頼るべきは女であって三行広告じゃなかったんだって。それまで散々女の尻を追いかけて生きていたのに、就職となった途端に三行広告なんかに頼ったから、二丁目送りなんてバチが当たったんだ（笑）。

聞くところによると、その女の子の彼氏のお兄さんはアテナ映像の作品に出ているっていうから、紹介してもらってアテナに面接に行ったんだ。その後はゲイＢＡＲやゲイビデオに騙された時の積極さで電話をかけまくって、色々なＡＶメーカーの面接を受けて回ったよ。

そうなるとドンドン話が動いて行ってさ、ご縁のあったアテナ映像に始まり、芳友舎や宇宙企画なんて当時のレンタルＡＶの最大手と呼べるメーカーと片っ端からツテを作っていったの。

こうしてやっとのことで「何が何でも金をもらって女とセックスする仕事をする」っていう人生の目標を達成できたんだ。

あの当時はＡＶ業界はバブルが起こっていた時代でね、日本のＡＶ史全体で見ても、最もお金のあった頃なんだよ。だからこそ、こんな「金をもらって女とセックスしたいんです」なんていう若造の電話を受けても、ちゃんと面接をしてくれて、しかも仕事をくれたんだ。

これが業界のどこにもお金がない今だったら、そんな不審人物からの電話はまともに取り合ってもらえないだろうし、仕事に繋がるとは到底思えない。今いる人間で少ない金を分けておしまいって状況なんだから、頭のおかしい若造の面倒なんか見られないんだよ。

ちなみにね、この頃の俺を見て学生時代からの友人の鈴木君は非常に驚いたそうだよ。いわく「あそこまで熱心に毎日のように履歴書を書いて営業電話をかけ続けるお前なんか見たことがなかった」って。

他人からすればこうまで必死にＡＶ男優になりたがるヤツなんて笑いの対象かもしれないけど、あの頃の俺は俺なりに真剣に生きていたんだろうね。もしかしたら人生で一番真剣だったのは、あのＡＶ業界入り前夜だったかもしれないよ。

兎にも角にも、こうして『ＡＶ男優　沢木和也』は誕生したんだ。

第3章
栄光と挫折のAV男優

レンタルビデオ時代からAVを見て来た世代ならば、きっと沢木和也の顔も名前も覚えていることだろう。ところが、沢木氏にはAV男優として空白の時期があるのをご存知だろうか。

筆者は今から25年ほど前にとあるAVメーカーに就職し、その後はセルビデオ業界の中で監督や広報など様々な立場で仕事をしていた。しかしその当時、なぜか筆者が知る範囲に沢木和也という人物は「いなかった」のである。

これが加藤鷹氏であれば、ドグマ（AVメーカー）の広報時代に数え切れないほどお会いする機会があった。ＴＯＨＪＩＲＯ（ドグマを代表する看板監督）の撮影現場に取材で張り付いていれば、男優として鷹さんがやって来たからだ。

また鷹さんに負けず劣らず有名なAV男優であるチョコボール向井さんなどは、私が監督する作品に出演していただいたこともある。それ以外のAV業界の有名人にも、どこかで一度や二度はお会いする機会があったし、長く仕事を続けた相手だって何人もいる。

しかし、沢木和也だけは筆者がAV業界に在籍していた当時に一度もお会いしたことがなく、この終活プロジェクトの取材が初対面だったのだ。

筆者はこの行き違いの理由をどうしても知りたくなり、沢木氏のAV業界入り後の人生について聞いてみた。すると、AV男優として順風満帆に思えた沢木和也という人物が、意外なほど浮き沈みの激しい、七転八倒の生き方をしてきたことを知った。

AVデビュー直後

若くてバカだったから、何度も悪い大人に騙されて新宿二丁目でゲイの慰み者にされた俺だけど、念願叶ってAV男優デビューした後はトントン拍子だったよ。最初のギャラは1日3万円程度だったと記憶しているけど、すぐにそれが5万円になって、最終的には1日6万円ももらえていたからね。それに加えて監督までやれば監督料としてメーカーからもらう予算の中から好きに取れたし、かなりバブリーな生活をしていたなと思う。車とか家とか欲しい物は一通り買えたしね。

AV男優としてのキャリアは、前にも言った通りアテナ映像から始まったんだけど、すぐに芳友舎や宇宙企画のような当時のレンタルAV大手にどんどん繋がりを作れて、単体のアイドル的なAV女優の相手役に指名されることが多くなったんだ。

デビュー後1年くらいにナンパAVというジャンルを知り、「これなら俺は誰よりも上手くやれるぞ」と思って、自分で監督作品を持つことになったんだ。そうしてナンパ王国というシリーズを作り始めたんだけど、それが大ヒットしたことで、俺のＡＶ男優としてのポジションは確固たるものになったんだよ。

有名ＡＶ男優になって女癖はますます悪化

ＡＶ男優としてデビューしてからも、俺の女癖の悪さは弱まるどころかますます暴風って感じでさ。ナンパＡＶの大ヒットもあって、ＡＶ男優として顔が売れ過ぎてしまったようで、女が俺を「ＡＶ男優の沢木だ」と分かって乗ってくるみたいなことも多かったね。

俺はダイエーで働いてた10代の頃に、女性に対する妙な考え方が固定されてしまったと話したよね。「なんで俺が金を払ってまで女とセックスしなきゃならないんだ」って。そんな俺の人格がそうさせるのか知らないけど、周囲に自然と男に尽くしたい、サポートしたいって女性ばかり集まってきてしまって、店に所属していないのにホストみたいな生活が続いていたの。いつしかそれが当たり前だと考えるようになってしまったんだ。

そういう生活をしていた男がＡＶ男優になったら、今度はＡＶ男優とのセックスに期待する女も集まるようになって収拾がつかなくなってしまった。そういう好奇心の強い子は、目を見たら「何をされるんだろう」と興味津々なのが分かるのね。だから俺も俺でそれに応えてあげようと、口説く段階から無茶苦茶なことを言うように自分を演出してさ。「いま俺とセックスしておかないとお前は人生の半分を失うも同然だぞ」なんて、真顔で普通に言ってたよ（笑）。

当時の俺にはＡＶ男優として名の売れた存在であるって自負があったから、その辺を歩いている素人女に普通の男だなんて思われたくなくてね。それでみんながやるような「部屋の明かりを消して、雰囲気を作って、ゆっくり服を脱がせて、キスをして……」なんて当たり前の手順は意地でもしなかった。部屋に入るなり「自分でパンツ脱げよ。こっちにケツ向けろ」なんて言って、「え?」ってビックリしてる女の尻を掴んで、いきなりアナルを舐め始めるとかさ（笑）。

女も女で俺がそういうつもりで奇行に走っているなんて気付かないから「わたしこんなの初めて！」なんて興奮しててね。そりゃそうだろ、俺だっていきなり尻の穴から舐めるのなんて初めてだよ（笑）。

そんな環境になってしまっていたから、その頃から俺は女には変に優しくしないようになったの。これでホストみたいにどの女にも優しくいい顔するようになったら、さすがに俺ひとりじゃ手に負えないような人数が集まって来ちゃうから、わざと酷い言動をして、それでも着いて来てくれる子だけを選別して遊ぶようにしていたんだ。

天職

俺には元々の欲求として「女とやりたい」という最大の目的があるんだよ。思春期の頃から、とにかくその一点だけで生きて来たようなものなんだ。

だけどさ、女とやるには金も時間もかかってしまうよね。出会うにも、仲を深めるにも、飯を食うにしても、ホテルに入るにしてもさ。

でもAV男優はその辺の街中では出会えないような良い女とやれて、ギャラまでもらえる夢のような仕事なんだよ。自分にとっては「やらない理由がない憧れの職業」だったんだよね。

意外かもしれないけど、AV男優にもAV女優と同じように家族や恋人に仕事がバレて辞める人間が大勢いたんだけど、俺からするとそれが信じられないんだ。そんな覚悟もないのにAV業界なんかに入ってくるなよって思う。だってそいつがいなければ、その分俺がイイ女とセックス出来るかもしれないんだから（笑）。

俺は是が非でもAV男優になりたかった。そのためにウリ専バーで国会議員のオッサンにベロキスされたり、騙されてゲイビデオに出演させられもした。そんな経験をしてやっとのことで入り込んだ業界なんだから、世間体も身バレも一切気にしなかったよ。

だからこそね、癌に侵されて終活をし始めた今でも、お話をいただければ喜んでAV現場に行く。昔みたいには動けないけど、その分動かせる場所をフルに使ってAV男優として仕事をする。この生き方については、どうやら生涯ブレずに済みそうだね。俺にとってAV男優っていうのはこれ以上ない天職なんだ。

ナンパの帝王が生まれるまで

AV男優になってからの話を時系列で語るなら、欠かせないのはナンパだよね。自分で言うのもなんだけど、沢木和也といえばナンパAVだってイメージがいまだに強いと思うよ。

あの一連のシリーズで監督も経験したし、収入も単なるAV男優とは比べ物にならないほど多くなったし、ナンパAVは自分にとっても人生の一大転機になった代表作品なんだよ。

だけど俺とナンパAVとの出会いって、最初は自分の企画じゃなくて、他の男優の代打出演だったんだ。

男優デビューしてから1年後くらいに、アリーナの『ナンパスペシャル』という作品のオファーがあったの。

最初は高橋匠という俺と同時期に活躍してた男優に発注がいったそうなんだけど、彼が断っちゃったようなんだ。ナンパ作品って1日掛かりになるし、トラブルも多いし、割に合わないと感じたのかもね。

それで代役は出来ないかと俺に声がかかったんだけど、こっちは新人だったし、仕事なら何でもいい状況だったから、喜んで参加させてもらったんだよ。

ナンパなんて、俺からしたら10代の頃からそれしかやっていなかったも同然なのね。だから素人の頃から女の子に声をかけるのも口説くのも朝飯前でさ。新人とはいえ、他の男優よりも圧倒的に慣れていたんだよ。それで初回の撮影からペラペラ口が回って、素人の女の子を普通に引っ掛けることができて、監督に驚かれたんだ。「こんな才能が隠れていたのか」って（笑）。

そんな経緯があってアリーナに気に入ってもらえたようで、毎月ナンパスペシャルの出演オファーが来るようになったの。その当時は俺の男優ギャラは1日3万円だったんだけど、ナンパスペシャルが売れてくれたお陰で男優としての格が上がって1日5万円になった。ナンパスペシャルは結局2年くらい続けたのかな。月に1～2本ずつ撮ったから30本くらいは出たと思う。

でもね、ナンパ作品ってさっきも言ったけど1日仕事で、ガチでナンパするから思う以上に仕事内容がキツくて、何本か出演したところで俺まで「5万円のギャラじゃ合わねえぞ」と感じるようになってしまったの。

今の感覚で言うと1日5万は羨ましいと言われるかもしれないけど、その当時のAVは1本を2～3日掛けて撮影するのが当たり前で、しかも半日～1日はジャケット撮影に使っていたんだ。それにVHS時代なんて総尺が45～60分程度だから、カラミのような体力を使うシーンなんてほんの2シーンくらいなんだよ。だから男優の仕事って体力的には楽だったんだ。

ところが、ナンパって1日中男優が街中で立ちっぱにならないといけないでしょう。それでも尺が足りるかどうか分からないし、繁華街で目立つことをやっていたらトラブルにも巻き込まれるし、至れり尽くせりのスタジオの中で半日撮影して帰る仕事とは、肉体的にも精神的にも比較にならないほど疲れるんだ。

それでアリーナには申し訳ないと思いつつも、その後のオファーを断って、おまけに自分なりに企画を練って、これなら無理なくやれるという内容に手直しして、他のメーカーに持ち込むことにしたの。そうして監督兼男優として始まったのが、俺の代表作の『ナンパ王国』というシリーズだったんだ。

ちなみに、この時にGOを出してくれたVIPの岸田プロデューサーがナンパの帝王の生みの親なんだけど、後に癌を患ってね。快復して戻ってきたと思ったら、今度は「自分は本当はゲイだった」とカミングアウトして、AV業界から姿を消してしまったんだ。

今は俺にとっての因縁の地である新宿二丁目で元気にお店をやってるよ。もう少しコロナが落ち着いたら、身体が動く内に挨拶にでも行こうと思ってる。

ナンパ王国の大ヒット

そうやって始まったナンパ王国は売れに売れて、あっという間にAV誌の人気投票でトップにランクインするようになったんだ。シリーズ作品がTOP10の中に何本も入るなんて時期もあったくらいだから、相当な大ヒットだよね。

それに収入面でも男優ギャラじゃなくて監督として制作費を丸ごと預けてもらえるようになったから、懐が潤うようになった。ナンパＡＶの制作費なんて、普通に撮ったら50万円くらいしか掛からないのに、ＶＩＰは1本につき１７０万円もくれたんだ。それだけ余裕があったら、残りを自分の物にするもよし、作品を豪華にするもよし、何でもやれるよね。

ＶＩＰにそういう文字通りのＶＩＰ待遇をしてもらえたから、作品の雰囲気が良くなって、結果としてヒットに繋がったんだと思うよ。予算に余裕があったから、自分１人でやることにこだわらないで、ナンパ出来そうな男優仲間を呼んでチームで動こうと思い付いたんだし。

剣崎進とか島袋浩とか、当時は良い仕事をしてくれるナンパ名人のＡＶ男優が何人もいたから、人材にも恵まれていた時代だったんだよ。

今と比べたら裏方スタッフも多かったね。ナンパＡＶなんて今だったら男優とカメラマンの2人だけとか普通にあるのに、あの頃は俺とパートナーの男優以外に、カメラマンがいて、音声がいて、ＡＤもいて、常に数人が一塊の撮影隊になって街中で撮影していたんだ。そういうチームが和気あいあいと楽しくやってれば、そりゃいい作品ができるよね。

そうそう、男優仲間といえばさ、さっき名前が出た俺を拾い上げてくれたＶＩＰの岸田プロデューサーが、男優のキャスティングにワガママを言ってきたことがあったんだ。

ある時、次の撮影をどうするかと話をしていたら、岸田さんが「どうしても南くん（南佳也）を呼んで！」と言い出して聞かないんだよ。その時は岸田さんがゲイだなんて知らなかったから、なんで南君にそんなにこだわるのか不思議だったけど、単に好みのイケメンだから夢中になってたんだろうね（笑）。

南君はいつものレギュラーメンバー達のノリに慣れていないから、かなりやり難そうで申し訳なかったけど、大恩人の岸田さんは大喜びしてくれてね。俺個人としては御恩返しが出来て大満足だったよ。

ナンパAVはガチ？　ヤラセ？

ナンパＡＶの頂点に立った人間として、もう少し具体的な話をしておこうか。特にみんなが一番気になるのは「ナンパＡＶはガチかヤラセか」といったとこじゃないかな。

ただ最初に言っておかないといけないのは、ここでするナンパＡＶの思い出話は、あくまで昔の話だということだね。今は法律以外にも各都道府県が色々な条例を作っているから、昔のやり方でカメラを回しながらガチナンパしようものなら、絶対に迷惑防止条例などに引っ掛かってしまうんだ。意外なところでは、ゲリラ撮影をした場所が特定出来ちゃった場合は、その場所の経営者や権利者から「名前を汚された」と名誉毀損で訴えられるケースもあるんだよ。

20年以上前の話だと思うけど、実際にそういう裁判で負けたメーカーがあって、その判例が出来てから、ナンパや露出作品がメインだった会社は、撮影も編集も手法をガラっと変えなきゃいけなくなったんだ。

その手の判決が出た時に、AV業界内部で「今後は気を付けろ」と通達が回ることがあるんだけど、知人がその当時ちょうど横浜中華街で撮ったガチ露出AVの編集をしてる最中でさ。ちょっと中を見せてもらったら、背景がどこをどう切り取っても横浜中華街そのものなの。そりゃそうだよ、あんな特徴的な街は2つとないんだから（笑）。

結局そいつ、ベソかきながら画面すべてを海苔みたいなモザイクで埋め尽くして、その後で露出している女の子のところだけ綺麗にくり抜くっていう不思議な作業をしてたよ。普通はモザイクのかけ方って逆だと思うんだけど。

その作品はお蔵入りにするわけにもいかないから発売したそうなんだけど、あれは実用性がなかっただろうね。女の子はかろうじて映っているんだけど、周りが全部モザイクだと何がなんだか分からないから、興奮も何もしないよな。露出プレイは周囲の状況がハッキリ分かってこそ興奮するんだと学んだよ。

ナンパや露出みたいに、本当に街中でカメラを回すやり方については、だいぶ前からそういうことになってしまっているから、結論から言うと「今現在のナンパ物はヤラセの可能性が大きい」と言うしかないだろうね。俺がやっていたようなガチナンパは、昔だから許された作品なんだ。

でも、そういう法律・条例が出来る前の話に限って言うならば、本物の素人が出ている確率はとても高いはずだよ。自分がやっていたシリーズ以外でも、相当数の素人が出ていたんじゃないかと思う。

盗撮と違って、ナンパしているだけなら違法性はなかったし、相手の了解を得ていれば、素人の姿をカメラに収めること自体には何の問題もないからね。それに、当時は原則として契約書なんか交わさなかったから、口約束だけでこちらのやりたい放題だったんだよ。

そういういい加減なやり方が許される時代だったから、おっぱいを見せるだけとか、キスするだけとか、そういう子まで含めたら「のべ何千人」って人数の子がナンパAVに出ていたと思う。

俺が言うのもなんだけど、ナンパＡＶにホイホイ出ちゃう素人女がこれだけ大勢いると知って、女が信じられなくなったよ（笑）。だって会話の中で普通に「彼氏います」とか言ってくるんだから、さすがにバカじゃないかと思うよ。

ナンパＡＶに本物のヤクザが出演!?

ナンパＡＶの撮影って、どうしたって繁華街でのゲリラ撮影がほとんどになるでしょう。だから警察がやって来て捕まりそうになったり、ヤクザが出てきてトラブルになったりと、印象に残る思い出が多いんだ。

例えば、ナンパシリーズの中で『歌舞伎町編』を撮ることになったんだけど、あの時代の歌舞伎町といえば日本一危ない街だったよね。だからベタだけど（当時の）コマ劇場の前から前振りを撮り始めて「歌舞伎町は日本一危ないから金属バットを持ってないと危ない」なんて煽っていたんだ。最初は軽いシャレのつもりだったんだけど、段々とそれがシャレではない内容になってってね。

歌舞伎町のど真ん中で、いつも通りカメラを回しながら女の子に声をかけていたら、いきなり2人組のヤクザが「お前ら何やってんだ」と因縁をつけて来たんだよ。まあ当たり前だよね、その人達のシマで勝手なことをやってるのはコッチなんだから。

でもその時は何だかんだあって、そのヤクザが見ている目の前で引っ掛けた女の子とセックスする流れになったんだ。これは当時AV誌でもかなり話題になったよ。「沢木のAVに本物のヤクザが出てる、ガチアクシデントだ!」って。

ところが、実はこれは半分仕込みのヤラセだったの。その声をかけて来た男達が全然面識のないヤクザだっていうのは事実なんだけど、実はその人は俺のことを知っていて、それで「AV男優の沢木じゃん、何やってんの?」と声を掛けてくれただけだったんだ。

だけどそれだけで終わったら面白くないし、シーンとして勿体ないでしょう。だから彼らに1万円程度のギャラを提示して「アクシデントを演出したいので出演してもらえませんか?」とお願いしたんだ。そうしたらAV撮影に興味があったみたいで、面白がって出てくれたんだよ(笑)。

本当は絡みのシーンにもハメ役として参加してもらおうとしたんだけど、あの世界って刺青で身元がバレるらしいんだ。それで「脱いだら組にバレちまうから無理だ」と言われてしまって、仕方ないからじゃあ服を着たまま撮影を見張ってる感じでという話になったの。あれがガチだったと信じてくれていた人には申し訳ないけど、実はこういう裏話があったんだ。あの当時は何があってもいいようにこっちもケツモチを用意してあったし、いざ揉め事が起きたら本職同士で話をしてもらうだけだったから、ヤクザが相手ならば何とかなったんだよね。

ナンパの帝王、中国で裏切られる

ナンパでアクシデントというと、国外でも色々とあったね。特にヤバイと思ったのは、中国の上海でナンパ撮影をした時だろうな。

その時はコーディネーターを雇って、彼に色々と手配してもらったんだけど、当時の中国の法律の問題で、普通に街を歩いている子に声を掛けるまでが限界だと言われたの。だから「カラミに出る女性は仕込みのモデルじゃないと無理だ」とあらかじめ断言されていたんだ。

コーディネーターからは「街で引っ掛けた女を絶対にホテルの部屋など密室に入れないように」と言われていたんだけど、その辺の微妙なニュアンスが当時の法律の難しいところだったんだろうね。

ところが、その時の俺はコーディネーターの言うことを完全には理解していなくて、「セックスしなきゃいいんだろう」と、街で引っ掛けた女の子をホテルの部屋に連れ込んじゃったんだ。別に何をするでもなく、ただ通訳を間に挟んで、同年代の現地の子とたわいもない話をして盛り上がっているシーンを撮ろうとしただけだったんだけど、その場にいたコーディネーターは常にそわそわしていて、とても嫌そうだったよ。

そうしたら、運悪くたまたまホテルマンがドアをノックしたんだけど、その音を聞いた瞬間にコーディネーターは野生動物並のスピードで飛び上がって、その勢いのまま部屋の窓から逃げ出して、ベランダから飛び降りて、それっきり戻ってこなかった。そのホテルマンは、ただ蚊取り線香を持って来てくれただけだったのに（笑）。

後から調べて分かったことも多いんだけど、当時の中国ではあの場面が警察に見つかったら、禁錮刑は覚悟しないといけなかったようなんだ。

だけど、それを加味しても俺達を捨てて逃げるなよって思うよね。何もなかったからいいけど、何かあったら俺達だけが裁かれるし、現地コーディネーターの分の罪まで背負わされる可能性もあるじゃない。今でこそ笑って話せるけど、人の命が安い中国での話だし、よくよく考えてみたらヤバイよね。

沢木のナンパAVが外交問題に!?

それと比較すると、タイはほほ笑みの国というだけあって自由で楽しかったな。ニューハーフの子なんか日本円で100円もあげたらいくらでも見せてくれたし、とても明るくてノリが良かった。AVになるとどうしてもモザイクが必要だから、気付かない人もいたかもしれないけど、簡単に見せてくれる子はほとんどが工事済のニューハーフだったよ。

素人の女の子をナンパしてセックスするにしても、ソープランドみたいなお店の子と撮影の交渉をするにしても、みんな性格が良くて、しかも当時は相場がとても安くて、中国での撮影と比べたら雲泥の差があったな。

それで楽しさのあまりテンションが上がっちゃったんだろうね、作品の中でつい「タイの女は安い。昼飯代程度でセックスさせる」と発言したら、それが本気の国際問題になっちゃった（笑）。

どういう話かと言うと、日本でそのAVを見たタイ人が、わざわざタイの女性議員に言いつけて、「タイの女は昼飯代程度でヤラせる」という言葉を吹き込んだんだ。そうしたらその議員が「タイ人に対する侮辱だ！」と本気で怒ってしまって、そこからタイの世論にも火がついて、あっちの新聞に俺の顔写真付きで「こいつが日本人ギャングの沢木だ」と、ギャング扱いで報道されてしまったんだ。

最終的には外務省を通して俺のところに直接クレームが来るようになって、これは大変なことになったぞと（笑）。

新聞といえば、タイにいた時に日本の新聞でオウムのサリン事件を知ったんだ。それを読んで呑気に「サリンってなんだ？」なんて言っててさ。そうしたら、その何ヵ月か後に俺も日本の大手新聞にこの一件で実名報道されたんだよ。まさか自分が新聞に載る立場になるなんて思ってもいなかったよね。こっちは抗議は受けたけど事件にもなっていないのに、扱いとしては妙に大きくてさ。「麻原の次は俺かよ」みたいな。

俺からしたらタイの楽しさや開放感についロが滑っただけだったのに、国を跨いでの大騒ぎになってしまったのには驚いた。申し訳ないより驚いたって感情の方が先だよ。

結局、仕方ないからその作品は自主回収することになったんだけど、回収するといっても全ては集められないから「一応やりましたよ」ってポーズだけだけどね。

絶頂期に大麻で逮捕、覚せい剤もポロリ

好事魔多しなんて言うけれど、AV男優として最高のスタートダッシュを決めた直後、ちょうどナンパ王国が大ヒットを続けていた時期に、俺の人生の中でも最大級の失敗が起きた。

ある日、家にマトリ（麻薬取締官）が来てしまったんだ。よりによって警察ではなくて厚生省の方が。

よく家宅捜索は早朝に来るなんて言われてるじゃない。俺の場合、朝起きて目の前を見たら、見たこともないガタイのいい男が４人、こっちを見て立ってたんだよ。そこは寝室だったんだけど、あいつらにとっては家に鍵がかかっていようと関係ないんだよな。後に「あの時どうやって入ったんだ？」と聞いても、はぐらかして教えないんだもん。マトリも泥棒もやることは変わらないんだと思ったよ。

それで「分かるだろう、出すもの出せ」と言われて、あちこち家探しされて、冷蔵庫の中に入れてあった20グラム以上の大麻が見付かってしまったんだ。

その時にちょっと笑い話があるんだけど、後で知った話で大麻って少し湿ってる方が物が

良いんだって。俺はそれを知らなくて、買った大麻が濡れていたから「なんだよ、掴まされた！乾かさなきゃ！」って、電子レンジでチンして乾かして、それを丁寧に冷蔵庫にしまっておいたの。そうしたらあっさり全部見付かっちゃった。

その後に、家だけじゃなく、当時乗っていた車の中も調べられて、そっちからはダッシュボードから覚せい剤が出てきちゃってさ（笑）。

だけど、この覚せい剤に関しては最後までシラを切ったんだ。というのも、それは自分で使う物じゃなくて、女が欲しがった時にキメセクするのに持っておいた物だったの。覚せい剤って勃起力が極端に弱まることが多いから、ＡＶ男優でそれに手を出すヤツって滅多にいないんだよ。だから尿や毛髪を調べられても絶対に俺からは出ないと自信があったから、知らないの一点張りで押し通したんだ。

その時の言い分が我ながら酷くてね。「俺は毎日のように違う女を助手席に乗せる。街で見ず知らずの女をナンパするんだから、中にはシャブ中もいる。そういう女の誰かが勝手に入れたんだろう。だから誰のか分からない」と言い張ったんだよ。ウソだと思うなら何でも検査してくれって。

そうしたら大麻20グラムってだけで充分な量だから、マトリも尿検査に引っ掛からなかった相手を深堀りするのが面倒臭かったんだろうね。「じゃあ覚せい剤の方はいいや」だって（笑）。いやいいのかよって話だよね。

人気AV男優達が全滅していた可能性

俺がデビューして間もない頃の話だけど、ある男優が現場に白い粉を持って来ていたんだ。それは鼻から吸うコカインだったんだけど、それをちょっとヤラせてもらったら楽しくなって、それでハマってしまったの。量はよく覚えていないけど、5万円くらいで買っていた覚えがあるな。

そういうことがあったから、他の業界人にも何となく聞いてみたんだけど、男優も女優も大麻程度なら当たり前に楽しんでいる感じだったんだ。それでみんなもやっているならって、ズルズルとハマって行ってしまったんだよ。俺が手を出した時点で、AV業界では深刻な麻薬汚染が起きていたんだ。

AV男優なんて変に金を持ってるし、周りに薬物中毒のAV女優なんかもいるし、当然こういう商売だからヤクザも多いし、考えてみれば環境として最悪だったな。そんな業界にあって、俺は売れて調子に乗っていたし、怖いもの知らずだったし、そっちの道に行くべくして行った感じなのかもしれない。

この事件に関連して、ひとつAV男優達に申し訳ないと思っていることがある。実は逮捕された時に、システム手帳を押収されたんだけど、そこに俺が大麻を売ったAV男優の名前と量を書いてしまってたんだ。

ほら、何か物を売ったら台帳って書いて保管しておくでしょう。俺もいつ誰にどれだけ売ったか分からなくなるの嫌だなと思って、「3月5日　Aに大麻5グラム、4月1日　Bに10グラム」みたいに、克明に全取引をメモってあったの（笑）。まさか自分が逮捕されて芋づるになるなんて考えていなかったんだよ。

その時は100グラムくらいまとめて買って、それを周りのAV男優達に売ってあげたんだ。無理やり押し付けてるんじゃなくて、そいつらが自分では買えないって言うから、俺がみんなの分までまとめて買ってやったんだよ。俺って後輩や仲間の面倒見が良すぎるのかもね。

そうしたら、その売買の証拠が書かれた手帳をマトリに見付かってしまって「これは何だ？」なんて聞かれてさ。何だも何もないよね、実名とグラム数と値段まで丁寧に見やすく書いてあったんだから（笑）。

でも不幸中の幸いとでも言うべきなのか、あの時はマトリもより大物が欲しかったみたいで、ＡＶ男優なんて小者は捜査に掛かる労力が増えるだけで手柄として小さいから、あまり求めていなかったんだ。それで、結果的に俺と、俺の上の人間の２人が捕まって、他のＡＶ男優達は見て見ぬ振りをしてもらえた。それにはホントに助かったよ、あのメモがキッカケで男優が逮捕されていたら、さすがに顔向けが出来ないもの。

警察ではなくマトリに捕まるワンランク上の男

捕まった後は当然どこかに入れられるんだけど、目黒にある麻薬取締官事務所には留置場がないから、俺の場合は世田谷署の留置場に入れられたんだ。警察とマトリとは張り合っているから仲が悪いはずなんだけど、そういうところでは融通し合うみたいだね。

それで取り調べの時には毎日マトリが世田谷署に迎えに来てくれて、そこから目黒の事務所に連れて行かれて、そこで調べを受けるってやり方だった。

その頃の話だと、護送車の中や拘置所で居合わせた人と世間話をしたことをよく覚えているな。周りがヤクザばかりで、中には歌舞伎町の住民もいてさ、外に出てからばったりなんてこともあったね。

そういう人達と、やっぱり「何したんだ?」って話になるんだけど、そこで俺が「マトリに捕まりました」って言うと、相手が「マトリに捕まるヤツは大物が多いんだ」なんて言ってくれて、何だか嬉しくなっちゃってね。「俺は大物なんだ!」って(笑)。同じ麻薬取締法違反でも、マトリにヤラれたってだけで格が上がって一目置かれるんだよ。

おまけに、マトリの事務所で自分が座らされた椅子には、大麻所持で逮捕されたポール・マッカートニーも座らされたと聞かされて、それも嬉しかったなあ。「俺はポールと同じなんだ!」って(笑)。

嬉しいと言えば、取り調べ中にある大人気アイドルとの接点を妙に詳しく聞かれたんだ。会ったことはないかとか、普段行く場所で見かけたことはないかとか。俺はそのアイドルの大ファンで、彼女のデビュー当時に、わざわざ池袋のサンシャインまでミニコンサートを観にいったくらいなんだ。

その子には昔から薬物の噂があったんだけど、どうもそれが本当だったみたいでね。俺はAVの人間だから、芸能界や映画界と近いと言えば近いじゃない。それで、売人や裏稼業の人間を通じて接点があるんじゃないかと疑われたみたい。

そういう意味じゃ、俺を捕まえたのはたまたまで、本当は芸能界などに顧客を持った大物売人をとっ捕まえるのが本命だったんだろうね。俺に対する扱いが妙に重かったのも、そういう背景があってのことだったのかもしれない。

これは俺の経験則なんだけど、シャブ中の女の子って白ニキビが出来やすいと思うんだ。その前提で当時のそのアイドルの子の写真を見てみると、まあ見事に白ニキビだらけなんだよ。それでその子の写真をデビューから順を追って見ていってさ、肌の具合を見て「だいたいこの頃に誰かに仕込まれたな」なんて妄想したりね。

俺としては、一介のAV男優が、芸能界のトップ中のトップアイドルと、麻薬とはいえ接点が持てて本気で嬉しかったんだけど、その子はある日突然アメリカに行ってしまったんだ。多分、逃げられないと分かって慌ててシャブ抜きしたんだろうね（笑）。

そういえば、この時にパンツで大恥をかいたんだ。留置場に入る時に、マトリに「（勾留は）長くなりますか？」と聞いたら、それなりに長くなると言われたから、下着をたくさん持っていったんだよ。それで普段穿《は》いているドギツイ色の派手なビキニパンツばかり何枚も持っていったんだけど、ああいう場所って洗濯はしてもらえても、それを自分で取りにいかないといけないのね。ところが、そんな派手なパンツを持ってきているヤツなんか他にいないから、洗濯物を返してもらう度に施設内でえらい目立ってしまって、とんでもなく恥ずかしかったんだ。

場所が場所だからヤバイ奴しかいないし、そんなところで話題の中心になりたくないじゃない。しかもパンツで。その経験から、何かあって捕まった時のために、地味なパンツも持っておこうと心に誓ったよ（笑）。

判決の後

この件では拘置所を含めて50日くらい拘束されたんだけど、初犯だったから懲役1年執行猶予4年というちょっとバランスの悪い判決が下りてシャバに帰れることになったんだ。

4年の執行猶予って結構長いと思うんだけど、あの当時はAV業界がそれだけ目を付けられていたんだろうね。きっと各業界への見せしめってことだったんだと思うよ。

ちなみに、俺がそういうことになってしまったから、せっかくの大ヒットシリーズだったナンパ王国は終わってしまって、メーカーと相談して「しばらく休んで様子をみよう」って話になったんだ。

シャバに帰って来てから、世間に何て言われるか分からないから、仕事も自粛して半年くらい大人しくしていたんだけど、意外と批判も何も言われなかったんだよね。それでしれっと活動を再開したの。ナンパＡＶもナンパ王国改めナンパ帝国って名前に変えて、それまで通りの活動ができるようになったんだ。俺のナンパシリーズはドル箱だったから、メーカーが早く再開したがってたというのもあって、思いの外はやく復活できて助かったよ。

ジャガーに乗ったホームレス

逮捕されて、判決が出て、執行猶予が付いて、それでやっとのことでシャバに戻ってこれたんだけど、この当時の俺は家がなくて車の中で寝泊まりしていたの。逮捕時には初台の家賃13万円くらいのマンションに住んでいたんだけど、捕まってる時に親に頼んで家だけ引き払ってもらったんだ。この先どうなるか分からないし、家賃を払い続ける自信もなかったし。だけど車だけは自分の夢だった物だから売らないでくれってお願いして、その結果「月々24万円の自動車ローンを抱えるホームレス」になってしまった（笑）。

その頃は、昼間ＡＶの現場で働いて、現場終わりの夕方くらいにジャガーを代々木公園に横付けして、シートに寝転がって毛布にくるまって寝てさ。当時はAV男優仲間と飲食店を経営していたんだけど、その店が午前1時開店だったから、夜遅くなったら起きて新宿三丁目の店に出勤する生活だったんだ。

車で寝るのが嫌になったら、付き合いのある適当な女の家に転がりこんで布団で寝させてもらってね。自業自得とはいえ、かなり酷い生活だったな。

それに、本音を言うと俺は女の家になんか行きたくないんだ。というのも、家に上がり込んでしまうと、その子の本性が見えてしまうでしょ。こいつ育ち悪いなとかさ。そういう余計な情報なんか知りたくなかったし、俺はただヤリたいだけだから、上っ面のキレイなところだけ見せ合う関係で充分だったんだ。

だけど、家に上がり込んで一緒に生活したりすると、女の方がそれ以上を求めるようになってしまうんだよね。「普段見せない私」なんて余計な物を見せてくる（笑）。

中には俺がまた引きずられてしまい兼ねないジャンキー女や、睡眠薬やアルコール依存の女もいたから、そういう地雷を踏む可能性のある生活は怖かったというのもあるね。

俺が何もしていなかったとしても、酒で睡眠薬をガブ飲みするような女に目の前で死なれでもしたら、疑われて今度は確実に刑務所行きでしょ。仮に俺に罪があろうとなかろうとさ。

だから、そういう女からは全力で距離を置くようにしていたんだ。

ドン底状態から復活したキッカケは女房へのナンパ

シャバに戻って来た直後は、AV男優の仕事を休んで様子を見ていたこともあって、しょっちゅう街で女の子をナンパしていたな。

ナンパって、慣れてくると自分と女の子の歩幅が合うか合わないかで、イケるかイケないか分かるんだ。そういう意味では、注意しておくべきは表情や身振り手振りではなくて足だと思うんだよ。

ある有名なナンパ師なんかは、女の顔なんか見ないで、まずは歩いている人達の足元だけ見て回るのね。それで女物の靴を見付けたらパっと顔を上げて、あまりに好みじゃなかったら「ごめんなさい人違いです」なんて謝って次に行く。この女性の足元を気にするやり方が一番効率が良かったな。

そんな調子で日々ナンパに勤しんでいたんだけど、ある時新宿のさくら通りを車で走ってたらいい女を見掛けてさ。さっき女の足元を見るとか言ったけど、その時はジャガーを見せびらかしながら物色してたんだ（笑）。

そしたらさくら通りから靖国通りへ出る辺りで、オレンジ色の派手なコートを着た女性が目に入って、その子を見た瞬間に「これは！」と感じて、車を停めて声を掛けたの。

当時の俺はAV男優仲間と深夜営業のスナックをやっていたから、ナンパには店の客を増やすための営業って側面もあったんだ。だからまず「今から飲みに来ない？」と店に誘ったんだけど「今はお金持ってない」なんて言うからさ、こっちも引き下がるのも嫌だから「じゃあ今日は金はいいから」と食い下がって、とりあえず店まで連れていったの。それが女房との出会い（笑）。

それから「この子悪くないな」と感じて付き合いが始まったんだけど、当時の俺はAV系のメディアだけじゃなくて、女性誌にも出ることがあったから、女房はAV男優の沢木と最初から気付いていてたみたいだね。「ナンパAVやってる男がジャガーで声を掛けて来た！」って。

さっきも言ったように、この頃の俺は家がないホームレスだったから、先々のことまで考えられる女性を探していたのかもね。そんな時に一人暮らし中だっていう女房が引っ掛かったもんだから、「この子を落とせば毎日ベッドで寝られる！」と必死に口説き落としたんだ（笑）。それで数週間後には女房が住んでいた家に転がり込めて、やっと人として恥ずかしくない雨風を凌げる生活が出来るようになった。

その後は彼女と一緒に住みながら、ＡＶ男優として頑張って働いて生活を立て直して、俺名義の部屋に引っ越して、そこに数年くらい住んだのかな。そうやって暮らす内に「こいつしかいないいな」と思うようになって、ごく自然に「結婚したいな」と考えるようになっていったんだ。

女房と結婚した理由をよく聞かれるんだけど、本気で好きだったんだと思うよ。彼女を落としたい一心で、追い回したり、目の前で泣いてみたり、こういう終活なんて状況じゃなかったら絶対に他人に言えないような方法で、無理やりに結婚してもらったんだから（笑）。

そのクセ俺もおかしくてさ、そうまでして女房と一緒になったのに、外ではお金をくれる女を探しては遊び回っていたんだ。男に尽くしたいタイプの女性を探し出しては、仲良く付き合って、何十万円もするスーツを買ってもらったりしていた。本当に我ながら酷すぎて、こういう話をするべきなのか悩むよ（笑）。

女房と2人で進む波乱の人生

女房と結婚したってことはＡＶ業界の人間には誰にも教えなかった。イマイチＡＶ業界人を信用していなかったというのもあって、そんな大事なプライベートは打ち明けられなかったんだよ。

これがベテラン業界人達が言う「沢木は付き合いが悪い」って評判に繋がるんだけど、誰にも内緒で家に女房がいる生活を続けていたから、ロクに事情も説明出来ずに帰るのが当たり前になっちゃったんだよね。

それに女房との間にも一緒になるって時に色々あって、実は女房は親と縁を切ることになってしまったんだ。実家が東海地方の田舎の方で、土地柄なのか見栄っぱりが多いんだよね。そういう土地に住んでいる我々の親世代がさ、娘の旦那がＡＶ男優だなんて言えるわけないってのも何となくは分かるよ。

しかも俺もちょっと迂闊で、女房の両親に挨拶に行く時に、真っ黒なジャガーで乗り付けてしまって、その時点で「こいつカタギじゃねえ」と疑われちゃったんだ（笑）。それで心証が最初から良くなかったんだろうね。

でも、決定的に揉めることになったキッカケは、彼女の姉の主人（義兄）の行動だったんだ。その土地の風習なのかもしれないけど、俺や女房っていう当事者に何も言わずに、女房の義兄が俺の両親を探し出して、勝手に会いにいっちゃったんだよ。興信所を使った身辺調査みたいなノリなんだ。おまけにノーアポで突撃した先が俺の親父の仕事場で、そこで「オタクの息子さんはどういう人間ですか」なんて言い出したそうで、そんな非常識な話はないじゃない。だから俺の親父が怒っちゃって「おめえらに言う筋合いはねえ」なんて言い返しちゃった（笑）。

そんな両家が殺伐とした中で、俺は11月の彼女の誕生日に籍を入れようと思ってたんだけど、当日の朝に女房の父親から電話があってね。「籍を入れるなら縁を切る」って。

結果、本当にそのまま縁を切ることになって、女房の父親とはそれ以来一度も会えず終いだった。向こうのお母さんいわく、孫が産まれたって時は会いたがっていたみたいだけど、それも叶わず亡くなっちゃったよ。

ただ、お葬式の時に女房１人で息子を連れていったから、お母さんには孫を抱かせてやれたらしいけどね。息子がちょうど幼稚園の年長さんか、小学校に上がったばかりの頃だった。俺が知る限り、女房の実家の方の親類と会ったのはその１回だけだから、息子は全然記憶に残っていないみたいだけどね。

元々、女房も若い時から家出したりして色々とあっちの家も感情的に複雑だったみたいなんだ。そんな背景がある上に、俺もあっちの父親も意地っ張りだからさ、こじれにこじれて誰も幸せじゃない話になってしまったんだろうね。

これは後で話すけど、実は俺も姉と絶縁していて、やっぱり俺のAV男優っていう仕事が常について回って、結局そういうことになってしまうんだ。女房も自分で言ってるからね。「普通の仕事の人が良かった」って。

ただ、彼女自身は仕事も含めて俺という人間をとても理解してくれているんだ。俺が自分が六法全書だと思ってて何も聞き入れないようなヤツだとか、家に帰って来なくて当たり前だとか、周りに常に女がいるとかね。そんなどうしようもない男なのに、ヤキモチも妬かずにうるさいことを言わずに耐え続けてくれてさ。よく俺を相手にここまで頑張ってくれたなと感謝してる。

彼女は性格的に頭の切り替えが早くて、「自分は自分」っていうマイペースさや、自分の世界がしっかりある。あの人だから沢木の女房が務まったんだろうなって、俺達夫婦を知る人は口を揃えて言って来るよ。普通の女じゃ沢木の家族になるなんて無理だって（笑）。

練馬に欠陥住宅を購入

27歳の時に女房と結婚して、一大決心をして家族で住むための家を買ったんだ。俺の人生プランとして、24歳までに外車に乗って、いつかはクラウンに乗って、30歳までに家を買おうと考えていたんだけど、そのプランはクラウンがセルシオになったくらいで、全て実現できたんだよ。

ところが、その実現を急ぎ過ぎて大失敗してしまったの。建て売りで買った新築の家だったのに、これが酷い欠陥住宅でさ。あらゆる部分が手抜き工事なの。

練馬で３０００万円。新築で風呂場なども色々とカスタムしてその金額なので、決して悪い金額ではなかったんだけど、世の中甘くなかったね。台風や地震が来る度に揺れが酷くて、強めの風が吹いただけでも酒を飲んで意識を無くさないと眠れないくらい怖かった。

しかも、この練馬の家には10年間住んだんだけど、家相も最悪だったのか、住み始めてからというもの仕事面で良いことがひとつもなくて、大暗黒時代が始まってしまったんだ。まあ酷い10年だったよ。

その家を手放す時に計算してみたら、毎月家賃を払うよりかは少しマシだったという数字だったんだけど、それと引き換えにしたものが多すぎて「次は絶対にマンションにしよう」と心に決めたね。あの家では子育てなんかしようとは思えなかっただろうな。

俺の全盛期の頃の年収って２０００万円くらいあったんだけど、確定申告だけは毎年キッチリやっていた。俺には外車と家を買うっていう目標があったから、その辺はマジメにやると決めていたんだよ。

確定申告といえば、AV男優って独特な仕事だから、普通の人では通らないような物も経費で通るんだ。ようはタレント扱いだから「自分のタレントイメージを守るために必要だ」と言えば、大抵のものは経費として認められるの。

洋服や靴もそれに入るし、服以外の宝石・アクセサリーなどの服飾品すら落ちる。雑誌なんかで、それを身に着けてニッコリ笑ってる写真でもあれば「仕事で使うものです」っていう証拠になるんだ（笑）。

そういう意味では、高い外車も経費で落とそうと思えば落とせるよ。その車に乗っている「売れっ子AV男優・沢木和也」なんて写真が1枚でもあれば、それを理由に通せる。

ただし注意点もあって、タレントイメージのために外車を経費で落としたら、それ以外の大衆車を持っていたとしても、そっちは通らない。タレントイメージを理由に経費に上げちゃうと、それ以外の普通は通る物が通らなくなる可能性があるから、そこは前もって何が得なのか勉強しないといけないね。

あとこれはAV業界の笑い話なんだけど、この「経費で色々落とせる」という話がAV男優の間で広まった時に、欲をかいて必要以上に経費計上したヤツがいてさ。そいつは税務署に疑われて徹底的に調べ上げられて、結果的に尻の毛までむしり取られたよ。

誰の話か実名を出そうと思えば出せるけど、かわいそうだから黙っておく（笑）。

自分の場合はさっきも言った通り家が欲しかったから、決して無茶はしなかった。あんまり赤字申告し過ぎると住宅ローンが通らなくなるから、ほんのいくばくかの金のために危ない橋は渡りたくなかったんだ。

ＡＶ男優スナック

ちょっと時系列があべこべになってしまうけど、女房と付き合い出すキッカケになったＡＶ男優の店について話しておこうか。

薬物で逮捕された後、シャバに戻って少し経ってからＡＶ男優の仕事を再開したんだけど、そこでＡＶ男優の仁志名君と知り合ったんだ。その仁志名君のツテで、彼がＡＶ男優になる前にバイトしていた新宿三丁目のカラオケスナックを営業時間外に借りるって話になって、「じゃあ深夜営業のホストクラブみたいな店をやろう」と思い付いたの。でも普通のホストクラブやサパーバーじゃ面白くないから、「人気AV男優が働いている店」というコンセプトでやろうじゃないかと。

そんな調子でオープンしてみたら、スタッフは俺や手伝いに来てくれる当時の有名AV男優達で、来る客のほとんどが女性。ただし職業はAV女優かソープ嬢っていう、カタギの仕事をしている人間の方が少数派っていう、とんでもない店になっちゃった（笑）。

でも、そういう子達を固定客にしていたから、売上はそれなりにあって、今にして思えばハプニングバーの元祖みたいな存在だったかもしれない。なんせ王様ゲームひとつ取ってみても、内容が日本一過激と言っても大袈裟じゃないくらい無茶苦茶なんだ。「じゃあ男同士でシックスナインな！」とか当たり前なんだもん。

今になって考えてみたら、俺はまだまだ執行猶予中だったから、もし誰かのチクりがあったら、摘発されて一発で刑務所行きだったよ（笑）。

その店は金の面でも酷かったねえ。セックスワークの金を持った女の子が多かったから、俺も男優達も調子に乗って、ジャンジャン金を吸い取る経営方針だった。

特に猛省しているのが、店に来る暇もないくらい忙しい人気のAV女優の名義で、勝手にピンドン（ドンペリ）を入れて、その時店にいる人間で飲んじゃうの。それで支払いだけその子に回すんだ。そんなバカなことを何度もやってたら、各プロダクションにバレて、「沢木の店には行くな」って通達が回っちゃった。

でもプロダクションが身構えたのは別の理由もあって、俺は店に来てたAV女優や風俗の子から金の話を聞いて、おかしいなと思ったから知恵を付けてたんだ。「お前それ事務所や店にぼったくられてるぞ。交渉してみろよ」って。

AVの事務所なんか特になんだけど、会社ごとに中抜きの割合が全然違うのね。良心的なところだと６：４で女の子が６ってところもあるけど、８：２で女の子が２なんて酷いところもあったんだ。当時から女優のギャラについては口にするのもタブーって業界だったんだけど、俺はそんなのお構いなしで教えてたんだよ。プロダクションの連中にとって、これこそ都合が悪かったんだろうね。

こういう非常識な部分が改まったのって、実はAV出演強要問題が起きて大騒ぎになってからなんだ。だからつい最近までそういうふざけた業界だったの。

ただささ、そうやって悪評が立つようなことばかりやってると、実際にやったことだけじゃなくて、尾ひれがついてデマも流れるよね。例えば、常連客にJJやCanCamのモデルをやってる子がいたんだけど、なぜか俺がその子を非常階段の上から蹴落としたなんてことになっててさ（笑）。それはまるっきりのウソなんだけど、こういうのも全て自業自得だから、弁解の余地もないってこういうことなんだよな。

ＡＶ業界なんてまともな社会人を経験していない人間が多かったから、あくどいことばかりやってても、何となくこれでいいやと思ってしまって、誰もブレーキを踏めなかった。今社会問題になってる歌舞伎町なんかのボッタクリよりも数段酷いものね。なんせコソコソしないで堂々と金をふんだくってたから。

結論から言うと1年ほどで店を閉めた。お金の問題ではなくて、完全に俺の体力の問題だったね。朝まで店で騒いで、そこからＡＶ現場に行って、夕方まで男優やって、また深夜から店になんて生活サイクルは無理だったよ。

金の面では、通常の家賃ではなくて、そもそもその店を借りている店主に対して、売上からパーセンテージで支払う約束だったから、全然不安はなかったな。1日に数組も入ったら儲けが出ていたから、楽な商売ではあったよ。

警察からの出頭要請

そうそう、この頃、光が丘署から呼び出しがあったんだ。「お前のＡＶに未成年が出ていた疑いがある」って。

俺がナンパスペシャルをやっていた時に、ナンパの弟子を募集したことがあったんだけど、それで集まった人間をＡＶに出していたら、その中の１人が未成年だったらしいんだ。当時のＡＶ業界の年齢確認なんて適当だし、口約束程度で仕事が決まっていた時代だから、本当に気付かなかった。

俺はそいつを家に住まわせるまでして面倒を見ていたんだけど、あまりに働かないからクビにして、家から追い出したんだ。これは後から分かった話なんだけど、この時クビにされたことを恨みに思って、こいつがマトリに俺が持ってる大麻のことをチクったみたい。別件で週刊現代の記者と話をしている時に「そういえば沢木が大麻を持ってるとネタを売りにきてた子がいたよ」なんて教えられたんだ。

話が複雑になって申し訳ないけど、ともかくそいつが俺の家から出て行った後もＡＶ男優を続けていて、どこかの現場で未成年だとバレたみたいだね。それで児童福祉法違反だと事件になって、芋づるで俺にも話が回ってきてしまったんだ。「お前もそいつを男優として使ってたな」って。

その時の俺はシャバに戻って間もなかったし、まだまだ当たり前のように執行猶予が付いていたし、「これはもう終わった」と覚悟を決めたよ。何もかも諦めた。

それで即座に「明日出頭する前に何がなんでも思い出に残るようなセックスをせねば」と思って、業界の姐さん的存在だった栗原早紀さんに連絡したの。「これこれこういう事情で出頭しなきゃいけない。多分そのまま刑務所に入って長くなると思うから、最後に一発ヤラせてほしい」って（笑）。

そうしたら餞別だってホテル代から何から全部栗原さんが出してくれて、ソープもやっている方だったから、ホテルの風呂場にあったマットを使って、マットプレイで全身をピカピカにしてくれてさ。「これ、もしも店だったらいくら取られるんだろう」って濃厚なサービスを味わわせてくれて、最後に「頑張っといで」と送り出されたんだ。あの時は本当に栗原さんに、そして女っていう生き物に感謝したよ。

それで新品の下着とか、必要になる身の回りの物をしっかり用意して、いつ刑務所にぶち込まれてもいい準備をした上で光が丘署に行ったんだけど、警察に俺を逮捕する気なんか全然なくてさ。

というのも、未成年者がＡＶに出てたっていう話だから、捜査にあたっていたのが少年課だったのね。だから彼らがあの時一番知りたがっていたのは「未成年者のＡＶ女優がいないかどうか」だったんだ。

一応、麻薬とか犯罪行為に手を染めている人間がいないかも聞かれたけど、そういうネタの提供を求められただけで、すんなり帰してもらえたんだ。「お前の児童福祉法違反なんか見ないふりしてやるから情報をくれ」っていうことだったんだよ。

あんなに栗原さんが親身になってくれたのに、こんな結末になってしまって、あの時は本当に死ぬほど気まずかったね（笑）。

ＡＶスタジオ経営

ＡＶ男優スナックを閉めた後も、何度かＡＶ以外のビジネスの話が舞い込んで来たんだけど、どれも上手くは行かなかったな。元を取れたこともあったけど、大体は赤字で終わったり、酷い目に遭わされてバカバカしくなって辞めちゃったとか、そんな話ばかりだよ。

例外としてそこそこ上手く行ったのはＡＶスタジオの経営かな。これはレンタルビデオとセルビデオとが入れ替わるかどうかってくらいの時期だったと思うけど、言問《こととい》橋の近くにヤクザ絡みの占有物件のビルがあるから借りないかって話だったの。

悪い話ではなかったから、ビル一棟を700万円で借りて、追加で300万円出して内装を整えて、AVスタジオを作ったんだ。名前を出していいか知らないけど、AV男優の剣崎進と500万円ずつ出したの（笑）。

そこは4階建てのビルの大部分をAVスタジオとして貸して、余った2部屋を普通に貸して家賃収入を得て、最終的にトントンくらいで終わらせたんだ。

そこで思い出に残ってるのは、後輩のAV監督がやったウンコぶっかけだな。アクリル板で透明な便器を作ってさ、その周囲に下剤を飲ませた汁男優を並ばせて、当時の熱い照明をガンガン焚いた中でAV女優に向かって次々とウンコをするっていう、地獄みたいな現場だった。この本の企画者のMがやった現場だよ（笑）。

ビルを丸ごと借りていたから、他では嫌がられるような撮影でもOKしていたんだ。

このスタジオは業界の後輩達なんかがよく使ってくれて、商売として悪くはなかったんだけど、管理費用が意外と掛かっちゃうんだよね。それに物件自体がヤクザの都合でどうなるか分からなかったし、元が取れて手を引けてまあ良かったかなと思うよ。

セルAVへの切り替わりの時期に大失敗

ＡＶ男優として、監督として、そして副業も含めて、それなりに順風満帆だったのはこの頃までで、30代に入った２０００年辺り、ちょうどＡＶ業界がセルビデオに切り替わった時期に、俺はＡＶの仕事をほとんど失ってしまったんだ。さっき言った、練馬に欠陥住宅を買った後の話だね。

俺はＡＶ男優としてのキャリアはそれなりにあったけど、レンタルビデオ系のＡＶメーカーとの付き合いしかなくて、セルＡＶ、当時の言い方だとインディーズＡＶのメーカーとの接点が全然無かったんだ。まさかそういう後進のセルメーカーが、わずか数年でレンタルメーカーを追い抜かして、さらにレンタルビデオという文化自体が没落する時代が来るなんて、とてもじゃないけど考えられなかったんだよ。

他のＡＶ男優達は、新規参入して来たセルＡＶのメーカーに積極的に営業を掛けて回ってたんだけど、俺はレンタル系メーカーとの繋がりが強すぎて、面倒臭がってそれをやらなかったんだ。おまけにＡＶ男優スナック時代からの業界内の悪評もあって、接点がないメーカーがわざわざ俺に発注を出して来ることもほとんどなかったのね。それで気が付いたらＡＶの仕事がほとんどなくなってしまったの。

それに面倒臭いだけじゃなくて、セル業界の在り方自体に疑問を持っていて、それで敬遠していたってのもあるね。

まず何より本番行為にこだわり過ぎてて危ないと思った。セル業界は最初、レンタルＡＶと比べてモザイクの薄さや陰毛が見えるなんて部分で勝負していたんだ。レンタルと販売専用とで審査団体の基準が違ってね、レンタルは広く人々の目に付きやすいなんて理由で、局部には海苔みたいなモザイクを貼って、陰毛の１本も映すなって基準だった。

それに比べてセルビデオは高い値段で売られる物だから、買う人間は限られるということで、あらゆる面でレンタルより緩かったの。

モザイク基準なんて、実はコレという明文化された絶対のルールがなかったから、いきなりチキンレースが始まってさ。摘発が相次いで次第にルールが固まっていったけど、そうなるまでは局部がほんのうっすらチラチラしているだけの薄消しビデオなんてのもあったし、ほとんど裏ビデオみたいなノリだったんだ。

セルＡＶってそういう物だったから、局部の抜き差しなんかモザイク越しにもバッチリ見えてしまって、本番か疑似か素人にも分かるようになってしまってね。それで客もバカでワガママだから､法律的にどうかなんて一切考えずに「本番じゃなきゃダメだ､疑似は買わない」なんて言い出してさ。メーカーも売上を下げたくないもんだからそれを真に受けて、原則としてカラミは本番が当たり前になってしまった。

俺はこれがおかしいと思ってたの。レンタル時代は疑似も多かったし、そもそも本番することの方が珍しいって業界だったんだから。でも、俺はそれで当然だと感じてたよ。だって疑似だろうと本番だろうと、客が満足する絵を作るのが役者や制作の力量でしょう。そこを捨てちゃっていいのかよとずっと思ってた。

それにセルＡＶになってメーカー数が増えた頃に、メディアがＶＨＳテープからＤＶＤに移り変わったんだ。レンタルからセルへ、アナログからデジタルへって流れが同時に起きたの。ＡＶメディアが完全にＤＶＤに切り替わると収録時間が長くなってさ、それまで45分あれば普通だったものが、気付いたら１２０分になり、２４０分になり、４８０分になり……。ってことは、ＡＶ女優もＡＶ男優も、１本のＡＶを作り上げるのに、それだけ長時間の労働に耐えなきゃならないわけだ。

しかも、レンタル時代のように「１本作ったら確実にレンタルビデオ屋の数だけ売れる」なんてビジネスではなくなって、販売価格もどんどん下がっていったから、もらえるギャラも相対的に下がってしまったの。

加藤鷹とか俺のようにギャラの高い有名男優とか、チョコボール向井のように女優を食ってしまうほどキャラの強い男優は需要が減っていって、代わりにコスパの良いキャラの薄いAV男優が持て囃されるようになった。セルになって収録時間が長くなったってことは、その分AV女優を映す時間が増えたってことなのね。男の尻ばかり映ってたら怒られるから(笑)。ということは、AV女優より目立っちゃうAV男優は居場所がなくなったんだよ。

そういう事情があって、レンタル時代には売れっ子だったのに、セル時代になって姿を消したAV男優が何人もいるんだ。

そうしてAV男優としての仕事が全くない状態になると、それまでの無茶苦茶な生活態度が仇になって、預金が10万円を切るような状況になった。もう誰かに金を借りないと生活できないという時に、たまたま還付金が入って来て助かったなんてこともあったよ。金銭的にはあれがどん底だったと思う。

まだまだ働き盛りの30代で、家も車もローンがあったのに収入がないなんて、あれは完全に自分の判断ミスだった。色々と思うところがあったのは本当だけど、本音を言えば「素直にインディーズメーカーに挨拶回りをしておくべきだったな」なんて後悔してたよ。

そのお陰で一番稼いでおかねばならない30代を台無しにしてしまったんだから、悔やんでも悔やみきれないよね。

ただ、そうは言っても食べていかなきゃならないわけで、俺はホストをやってみたり、風俗やＡＶへ女の子を派遣してみたりと、どんどん女衒《ぜげん》仕事の方へ傾いていった。やっていることはスカウトマンと一緒で、周囲の人脈もヤクザや不良ばかりになってしまったんだ。

暗黒時代のお仕事

ＡＶの仕事が全然なくなった時期に何をして食べてたかというと、完全に女衒だった。女の子を風俗とかＡＶに紹介して、１本辺りいくらのバックをもらってたんだ。

例えば風俗の場合、女の子が1万円の仕事をしたら、俺には店から紹介料として１０００円入るという契約が多かった。いわゆるスカウトバックってヤツだね。女の子に1日5本（5人）つけば、俺の取り分は５０００円になるし、10本つけば1万円になる。

1日に10人も客が付くのは結構な売れっ子だと思うけど、それでもバックは1万円程度なのかと思うでしょ。でも、スカウトってそういう子を何人も抱えているから、女の子の人数

×1万円が日当だと思えば、相当な金額になると分かるはず。ちょっと良い子を同時に抱えられたら、それだけで何もしなくてもまとまった金になるんだ。

でも、中にはそういう1人いくらの計算が面倒だから、20～30万円なんて適当な固定額で店に売ってしまうスカウトマンもいるね。街中で簡単に捕まえられる子なんて、麻薬中毒やメンヘラーなんて厄介なのも多いから、そういう子と長く付き合いを持つのが面倒だったり、リスクが大きいと判断した場合は、多少損をしてもとっとと売ってしまった方がいいんだ。

でも、俺の場合は固定額で売る方法は採らなかった。そういうやり方はちょっと信念に合わなかった。

だから1人の子と長く人間関係を保って、相談に乗ったり、ガス抜きをしてやったり、何かある度に身辺整理をしてあげたりと、メンタル面が安定するように常に気に掛けていたんだ。女の子の扱いがイマイチだと思えば店に交渉したりもしたしね。

俺が店に紹介した女の子には、責任を持って稼げるように取り計らっていたから、感謝されてお礼に服をプレゼントしてもらうなんてことも多かったよ。それはそれで普通にスカウトバックをもらうよりも嬉しかった。

たまに「ウソだろ」ってレベルのいい女を捕まえられる時もあったけど、そういう子が手元に来てくれたら、風俗よりはＡＶに行ってもらう方が大きなお金になったね。それもプロダクションやメーカーに売り込んだりしないで、個人でプロダクションも兼ねて営業した方が実入りがいいんだ。

ただし、企画女優レベルだと薄利多売で現場を数入れてナンボになるから、マネージャー業が忙しくなり過ぎて割が合わないの。だけど、単体女優になれるような子だったら出演本数も少ないから、個人営業でも充分に仕事を回せて、圧倒的に大きな金になる。こちらの取り分が３割程度でも、女優ギャラが１００万円なんて子だったら1現場につき30万円もらえるんだから大きいよ。

昔はあくどいプロダクションも多くて、メーカーからは1現場２００万や２５０万なんてお金が払われている超売れっ子なのに、本人には20万程度しか入らないなんて子もいたんだ。あまりにかわいそうだから、俺はそういう子を見つけるとペラペラ金の話を教えてしまうの（笑）。だからプロダクションからは相当恨まれたと思うよ。

俺はそういう酷い連中を大勢見て来たから、自分が管理している女の子にはちゃんと金になるようにしようと誓ってたんだ。

女衒仕事なんかやってる男が何を言ってんだと思われるかもしれないけど、女衒にもルールってもんがあってさ。女の子が潰れちゃうような吸い取り方は絶対にしちゃいけないんだよ。女の子が裕福に暮らせるだけの金をもらってるから、仕事を続けてくれて、結果として俺みたいな女衒男が長くおこぼれに与れるんだから。

だから、あまりに酷い金のむしり方をしているホストのところに乗り込んで説教したこともあったんだ。「全部取ってどうすんだよ！」って。お前も似たようなことをやってるのにと思うだろうけど、やっていいレベルとダメなレベルとを判断するのは、女に頼って生きる上での必須条件だと思うよ。

こういう考え方でいたからか、女の子が風俗を引退して、子供を産んで、その後も付き合いが続いているケースもあるの。「沢木には感謝しかしていない」なんて言ってくれる子までいるしね。やっていることは女衒なんだけど、それでもその辺の鬼畜みたいな連中とは一緒にされたくないっていうのが本音だね。

任された風俗店がシャブ中の巣に

暗黒時代に経験した一番納得のいかなかった失敗例があるんだけど、俺が責任者として風俗店を経営する話が回ってきたんだ。金を出すオーナーから「沢木頼むよ」って。

それで早速人を集め出したんだけど、俺の予定では店の経営自体は人に任せて、俺は通常業務から外れた相談役的なポジションに就いて面倒事に対処出来るようにして、それで店を回していこうと考えたの。

ところが、こいつならと任せた人間が元ヤク中で、金の管理を任せた途端に昔の血が騒いだのか、開店資金のほとんどをシャブに変えやがったんだよ（笑）。

挙句に店のオープンまでは何とか辿り着いたものの、その頃には店長と副店長の2人がシャブ中というどうにもならない状況になっていて、一日中ラリッてるもんだから店も回らなくなって、結局ロクに営業もせずに潰してしまったんだ。

そうしたら、その店の出資者が激怒してしまって、誰の責任だという話になって、何でか知らないけど俺が詰められることになってしまったんだ。そんなシャブ中を店に入れてしまった俺の責任がないとは言えないけど、それでも腑に落ちない話だった。

それ以来、他人と組んで仕事をするのも、裏稼業の人間と付き合うのも、一切止めてしまったんだ。俺は新宿のような大きな繁華街でナンパする機会が多かったから、面倒な話になった時のために、ケツモチのヤクザとの付き合いがあったんだけど、それすら切ってしまったの。

色々なトラブルに巻き込まれてくたびれたのもあるけど、当時島田紳助の騒動があった時期でさ、それを見て「世の中の流れはこうなんだな」と痛感したんだよ。それでお世話になった人もいたけど、ヤクザとの縁は全部切らせてもらったの。

それに、もう騙されるのが嫌だから、人に誘われて何かをすることもなくなったね。仕事は自分の手で作って、地道にお金にするのが一番だと悟ったよ。

暗黒の30代

こんな具合に、30代の約10年間は踏んだり蹴ったりの連続だった。AVの仕事が無いから妙な連中とばかり付き合ってたのも災いしたよ。気付いたら特攻服を着せられて街宣活動に参加させられたりしてたもの（笑）。

当時、ある学校の出身者と仲が良かったんだ。そこは歴史的に国粋主義者が多くて、なおかつ武闘派暴走族を排出してきた学校なんだけど、そこのOBが風俗業界にいて付き合いが深かったの。AVのプロダクションからは「風俗で良い女の子を見付けたらあげてきて」と言われてたし、自分が女の子を風俗に入れることも多かったし、付き合って損はない相手だったんだ。

そうしたら、いつの間にか風俗とは関係ない右翼活動にも参加するハメになって、30過ぎのAV男優が日がな一日池袋の街中にボケ～っと突っ立ってることになってしまった（笑）。その他にもお付き合いで武道の道場にも通わされてね、「俺は何で必死に空手の練習をしているんだろう」と考えたら惨めで悲しくなってきたよ。

全ては20代のブイブイ言わせてた時期に、全然蓄えをしていなかったのが致命的だった。あれだけ収入があったんだから、調子に乗らずに少しでも残しておけば、その後のどん底時代も耐えられたかもしれないのに。

悪い流れの時って、どこまでも悪いことしか起こらないから、最初に「これは流れがよくない」と感じた時に、欲をかかないでじっと耐えて晴れるのを待つべきなんだ。道を踏み外さないためには、そのための蓄えが絶対に必要なんだよ。

アラフォーになってAV男優復活

色々と話をして来たけど、30代に入ってからの俺は金が無いのが定着してしまっていたから、何をするにも誰かに金を出してもらっていたんだ。店を出すのも、事業に手を出すのも、基本的に付き合いの深かった風俗の女性などにプレゼンして、出資してもらっていた。

だからビジネスに失敗したなんて言っても、そもそもは金を出してくれた女性がいたわけで、俺自身の財産が削られたわけじゃないんだ。俺なんて無理して買った家と車のローンで金なんかなかったから（笑）。

そんなだらしない生活が長く続くはずもなくて、30代も後半に差し掛かって金銭的に万策尽きてしまったんだけど、その頃にAV業界から「またナンパを撮らないか」って話が舞い込んで来たの。

その時期、業界的にナンパ物の売り上げがダメになって、作っても売れないから新作が激減していたんだけど、競合がいないなら俺がやろうと「沢木和也のナンパAV」を復活させることにしたんだ。

レンタル時代に俺のナンパシリーズが大ヒットして、みんな一斉にナンパ物を作り始めたんだけど、そのせいで雑な作品が増えて飽和状態になってしまって、ユーザーに飽きられていたんだ。

でも、その時に復活させたナンパAVは、ライバルがいないから売れてくれて、シリーズ化もさせてもらえたの。それで一気に経済的に持ち直すことができた。とはいえ回って来る本数は月に1本くらいで、製作費も昔と比べたら安かったけどね。昔はまず１００万円を監督料として懐に入れてたけど、その頃は予算がないから、監督料は1本15～20万円くらい。だけど1本あたりの収入よりも大きな副産物があったんだよ。ナンパＡＶを再開させたことでポツポツとＡＶ男優としての依頼が増え始めたんだ。

その時に思うところあって、それまでの自分の男優としてのスタイルを変えて、クセの少ないプレイ内容をするように心掛けたの。クセが強いＡＶ男優はハマれるポジションが限られて仕事が減るからね。

それに男優としての仕事内容以外にも、それ以前のヤンチャなイメージしかない自分を少しずつ変えていって、ずっと年下の監督やメーカースタッフにも使ってもらいやすいようにと心掛けたんだ。それこそ話し方とか態度とかも含めてさ。

それまでのイキってる暴君みたいな沢木しか知らない業界人が見たら「沢木が媚びてる」と驚くと思うけど、こっちは花の30代を棒に振ってるから、恥も外聞もなかったよ。

そのお陰か、有り難いことにオッサン男優として現場に呼ばれる機会が増えた。当時はもう30代後半だったけど、ベテランとして認識してもらえていたから、特に身体に厳しい仕事は回って来なかったね。時期的にドラマ物が増えていたので、田渕（田渕正浩）ら役者ができる売れっ子ベテラン男優のおこぼれがもらえた感じだよ。

これにはきっと30歳前後の中途半端な年齢だと、逆に使い勝手が悪かったというのもあると思う。若くてセックス大好きな男はいくらでもいるでしょう。だけどオッサンで、ある程度の芝居が出来て、勃ちも悪くないっていう男優は限られていたんだ。

セルビデオはモザイクが薄いから、勃ちが悪いと肝心の絵が作れないので、ドラマ物とはいえ仕事が回ってこなくなるんだよ。

この頃は、レンタルビデオ時代からの有名男優が年齢的にナニが役に立たなくなって、次々とリタイアして行った時期だったんだけど、沢木和也は運良く出戻ることが出来た。自分も含めて、レンタル時代の男優は身勝手だったり、社会的に危うい人間が多かったから、業界人に嫌われて仕事を無くすパターンが多かったね。俺の人生なんてまさにそのものだったし。同年代の中年男優の中では、大島（大島丈）や田渕のように、常識がある普通の人だけが、長く継続して仕事をもらうことが出来たんだ。自分の場合は、暴れん坊のイメージが薄れて、次第におとなしくなったので、ギリギリで業界に残してもらえた感じがあるね。

ただ、昔と比べると撮影内容が1日で120分の素材を撮る時代になってしまったので、正直に言えば男優も、スタッフも、女優も、どの立場でも仕事がキツイね。それで以前よりも金にならない。ごく普通のマイルドなカラミでも、みんなで協力してバタバタ動き回らないと終わらないんだ。

昔のような、専門スタッフはそれだけやるというやり方が通用しなくなってるよ。本番ではマイクを持った音声さんも、それ以外の場面では細々したADみたいな雑用をしてたりするし、遊んでるスタッフがいるような現場だとテッペンまでに終わらないんだ。そういう意味で、今は仲間意識の強い業界人が増えているかもしれないね。

仲間意識といえば、大昔の平本さんやマグナム北斗さんらの時代に、AV男優のグループがいくつかあったの。「あいつは誰々派」みたいに派閥化されていて。

ところが、AV男優なんて結局は個人の仕事だから、絶対に人間関係が上手くいかなくなるんだ。それで、そういう男優グループは一時期なくなったんだけど、最近になってまたグループとして固まりたがる人間が増えたように思う。それだけAV男優やAVという仕事が不安定になっているのかもしれないね。みんなで肩を寄せ合っていないと生きていけない業界になっちゃったんだよ。

とはいえ、そんな下火になったAV業界だけど、俺はそこに拾ってもらえたお陰で人生を立て直すことができた。今のマンションの頭金くらいは貯められたから、収入的には本当に助かったよ。

そうこうしている内に30代も最後になって、39歳の時に息子が産まれたんだ。高齢出産だったけど健康に育ってくれて、彼は俺にとって幸運の象徴みたいな存在なんだよ。

息子の誕生

息子が産まれた頃、すでに女房と一緒になって12年くらい経っていたんだ。その前にも子作りをしてた時期が数年間あったんだけど、全然妊娠しなかった。それどころか、女房に卵巣嚢腫が見付かって、それが結構大きいから手術で取りましょうって話になってしまったんだ。それが不妊の原因だった可能性が高いから、そこで頑張っていればもっと早く子供が持てたかもしれないんだけど、手術が無事に終わって、数ヵ月経って女房の体調が元に戻った頃には、俺の方に子作りの情熱がなくなってしまって、そこから何年もセックスレスになってしまった。子作りを気負いすぎた反動だろうね。

これは女性に言って理解されるか分からないけど、セックスに対して男の方が感情とか欲望が大事なんだよね。「この女とヤルぞ」っていう原動力がないと、勃つものも勃たなくて話にならない。

ところが子作りするとなると、女性って自分の身体のことだから、生理周期とかをとてもドライに考えて、「この日の何時から何時くらいの間に中で出してください」みたいなことを真顔で言ってくるじゃない。それでもうイヤになっちゃって、心が折れてしまって、女房の身体に触れることすらなくなってしまったんだ。

この本を読んでいる妊活中の女性がいるかどうか分からないけど、もし旦那と本気で子作りしたいなら、必要なのは妊娠しやすい周期を男に教え込んでセックスを強制することじゃなくて、自然と男をその気にさせる技術だと思うよ。俺が言うのも妙だけど、男の性欲ってそれくらい神経質なものだから、そっちを考えた方が絶対に話が早いんだ。

それでしばらくの間、子作りは夫婦の話題に挙がらなくなっていたんだけど、女房が35歳になるって時に「高齢出産になってリスクが高まる」と相談されてね。俺も絶対に子供は欲しいなと思っていたから、じゃあ作ろうって子作りを再開したら、たった2回でデキちゃった。

第4章
AV業界への遺言

ＡＶバレして家族と絶縁

ＡＶについてそもそもの話をしたいんだけど、昔は裸の仕事って恋人や家族には絶対に明かせない、とても恥ずかしい職業だったはずだよね。バレたら一族から縁を切られて生まれた町にも住めなくなるみたいなさ。

それが今は時代が違うのか、ＡＶ女優がタレントやアイドルのようにＴＶ番組に出たり、女の子から応援される対象になっている。

これを良いことだと言う人もいるけれど、俺は現時点ではそれは有り得ないと考えているんだ。そういう風潮を全く理解できないし、変に話を分かったように接するのって、裸仕事をする人間のためにもならないと思うんだよ。

俺は頭が固いのかもしれないけど、世間の人が「ＡＶなんて恥ずかしい仕事だ」と思うのは当たり前だし、むしろそうじゃないといけないとすら思っている。

なぜなら、ＡＶ業界では昔から世間様に誇れない恥ずかしいことばかり起きていたし、俺も自分のダメさを自覚しているけど、そんなありさまで市民権を得たって、すぐに剥奪されてより酷い目に遭うのが関の山なんだ。

「人前でセックスする恥ずかしい仕事だから差別や迫害を受けやすい。その代わり普通に働くよりも金がもらえる」

こういうリスクとメリットがセットになった状態が一番良かったはずだよ。

それをリスクの部分を無くしてしまったら、世間で真っ当に生きている人や、人生が上手くいかない持たざる人間達に妬まれて、今以上に陰湿で絶対に表面化しない、酷い迫害を受けることになるでしょう。

無責任に「ＡＶだって立派な仕事だ」なんて言ってる人は、そういう状況になった場合に被害を受ける立場のセックスワーカーを守る算段があるのかな。俺にはとてもそうは思えないよ。

自分の話をすると、俺はＡＶが原因で実の姉と絶縁しているんだ。姉の娘の結婚が決まった時につまらないことを言われて、縁を切ってそのまま。

もっと詳しく説明すると、最初は姉から「娘の結婚が決まったから式に出席してほしい」と言われていたんだ。でも俺は「自分の商売が理由で迷惑がかかるから」と断っていたんだけど、それでもいいと食い下がられたの。

それでも断ってたら、姪の結婚式が近付くにつれて言うことが変わってきて、最後には「Ａ

Vを辞めて他の仕事を始めてほしい。その上で娘の結婚式に出てくれ」なんて言い出してさ。

俺はそれ以外の選択肢がないという覚悟でAV男優を始めたわけで、あの姉の言動は自分の人生を全否定されたも同じなんだよね。それでどうにも許せなくて絶縁。

その姉には俺の病気のことは伝えていないし、仮に俺が死んだとしても葬式に来なくて結構。もう他人なんだから。

そう言っている俺だって、もしも自分の息子が同じことになったら、正直に言えば辛いと感じると思う。ただ、俺の場合は自分がAV男優だし、子供が考え抜いた末に選んだ道だというなら、どんな仕事に就こうが許す。最終的には、子供が元気に生きてくれさえすれば、親として他に言うことなんてないもの。

でも、世の中はこういう考えの人間ばかりじゃないから、万が一の時のために覚悟を持っておかないといけないよ。

セックスワークを庇うと逆に従事者が追い込まれる

今は職業差別だなんだとうるさいから誰もが本音を隠しているだけで、心の底にある職業蔑視の感情は大して変わっていないはず。そういう風当たりの強さを自覚せずにＡＶ業界に飛び込むのは自殺行為だよ。

理想論を唱えて「職業に貴賎はない」と言うのは簡単だし、手軽に正義の人ぶれるけど、それって単なるオナニーなんだ。君がそう思っていたって世間はそうは考えないし、裸商売の人間に対する風当たりの強さは何も変わってないだろって。

１つ事実を挙げるとすれば、部屋が借りられないという話がある。いまだにＡＶや風俗なんて、どれだけ金があっても、安定して稼げても、職業をそのまま伝えたらマンションも借りられないんだ。こういう業界の人間が部屋を借りる時は、職業を偽ったり、もっと厳しい証明が必要な場合はアングラなルートで企業の在籍確認をでっち上げたり、そんなことをしてようやく不動産屋が話をしてくれるようになるの。

この状況のどこが「職業差別がない」んだか。当事者としては、現実として今もここにあるじゃないかとしか思えないよ。

今やＡＶ女優の親が我が子の仕事を応援していたりするし、確実に時代が変わって来ているのは分かる。だけどセックスワークが世間で真っ当な仕事として認められるのはもっと先の話だよ。今はまだ偏見や差別に晒される状況なんだから「人には言えない恥ずかしい仕事だ」

と思って、自分を律していないと何が起こるか分からないでしょう。

部屋を借りるにしても、社会福祉に頼るにしても、世間の大多数の人々が問題なく受けられている行政や民間のサービスを、セックスワーカーだけは受けられないって場合があるんだからね。

納得いかないというなら、コロナの給付金を考えてごらんよ。休業手当を出すとか、フリーランスに100万円配る持続化給付金とか色々とあったけど、あれっていまだに風俗店やストリップ劇場のスタッフは対象外だからね。これが差別じゃなくて何なの。

具体例を挙げたらキリがないほど世間では今も職業蔑視の対象とされているのに、そういう現実を見ないで「AVはまともな仕事だ」なんて考えていたら、辛い目にあって世間の冷たさを知って、首でも吊るしかないような状況に追い込まれるよ。特にセックスワークの女の子には極端にメンタルの弱い子が多いんだから。

それを考えずに「職業に貴賤なし」を唱えるって、崖の上にいる人間の背中を押しているようなものだよね。「早く飛べ」って。よくそんなに残酷なことができるよ。

どんな社会的な障害があろうとも、好きでその仕事をするというなら何をしても自由だよ。

仮に俺の息子がAV男優をやると言い出しても、絶対に反対はしない。だけど恥ずかしげもなく人前で大っぴらに言うなよとは思う。

ＡＶ男優なんて恥ずかしい仕事をしておいて、自信を持って「これが自分の仕事です」なんて言っちゃいけない。それをやるには、今はまだデメリットの方が大きいんだ。

ＡＶにしろ風俗にしろ、裸商売の世界は誰もが入っていい場所じゃなくて、どうしても他に道がない人間だけがこっそりやるべき仕事なんだよ。昔は入り口が狭くて同業者が少ないからこそ、リスクと天秤にかけた時に満足できるくらいの収入を得られていたんだから。

どんなに世間に白い目で見られても、親兄弟と縁を切られても、それでもどうしても裸仕事をしたい。そのためなら他の全てを捨ててもいいって覚悟のある奴だけがやるべきで、そうじゃない人間が増えたがために、今はもうどれだけ裸になっても食えなくなってしまった。リスクはほとんど据え置きなのに、それじゃセックスワークを選ぶ意味がないよ。

法律面での危うさ

ソープなどの性風俗店もＡＶと同じ状況なんだけれど、突き詰めたら商売の土台が違法行為なんだ。だから警察や国がその気になったら、明日どうなるかも分からない職業なんだよ。

なぜそういう商売が潰されないかといえば売春防止法の歴史に行き着いてしまうけど、簡単に言うと単に国や警察の都合で見逃してもらっているだけなの。そういうあやふやな事情で生かされているだけだから、何か事情があって国が本気になったら問答無用で潰されるだろうね。

裸の仕事って、そのほとんどが何らかの法律に引っ掛かっているんだ。プロダクションがAV女優を派遣する行為は労働者派遣法（有害業務）や職業安定法が関わってくるし、撮影行為もよくよく注意しないとすぐに公然わいせつだと難癖つけられる。

出来上がったテープはモザイクを入れる前の段階ではわいせつ物だし、もし変な現場の組み方をしたら売春防止法違反だと突っ込まれる可能性もある。だからエキストラを入れる現場では、必ず出演契約書にサインをさせて、10円でもいいから全員にギャラを払うんだ。そうしないと「不特定多数に見せた」と看做《みな》されて公然わいせつになったり、金を取って撮影に参加させるような馬鹿な真似をすれば売防法でやられると思う。

あとこういうのは世間にはあまり知られていないと思うけど、例えば素人カメラマンとモデルの撮影会ってあちこちでやってるでしょ。ちゃんとしたスタジオではなくて、マンションの一室をそれっぽく作って、そこに人を集めて金を取ってたりもするよね。

だけど、そういう状況でスタッフが「不用心だから」と部屋に鍵を掛けたりすると違法行為になってしまうんだ。「逃げられないようにモデルを監視・監禁した」とか適当な難癖をつけられて。

だから、いつ警察が内偵を入れてくるか分からないような状況では、部屋のドアの鍵は掛けず、密室にせず、監視や監禁が成立するような状況を避けないといけないの。

現にＡＶ出演強要問題の時に逮捕者が続出したから分かったと思うけど、ＡＶなんて細かい法律でがんじがらめだから、いつでも逮捕・摘発できる状態にされているんだ。法律の面からいえば、ＡＶ業界人はいわば犯罪者予備軍なんだよ。

もしもＡＶや風俗を「恥ずかしい仕事じゃない」と言いたいなら、まずは法律を変えないとダメなんだ。売春でもない、猥褻でもない、有害業務でもない、そういう安全な状況が実現して、そこで初めて「ＡＶは恥ずかしい仕事ではない」と言えるんだよ。本気でセックスワーカーを大切に思うなら、最低でもこの考え方を理解してほしいんだ。

ＡＶ出演強要問題によって、ＡＶ業界はルールでガチガチの契約社会になり、だいぶクリーンになったけど、そのせいで失ったものもある。少なくとも、ＡＶ業界はこれまでのようなアウトローの流儀では動けなくなったから、世間と同じように法律を絶対のルールとして動いていかなきゃならない。

ということは、もうＡＶ業界は「法律やルールを守れずこぼれ落ちてしまう人間」を匿い、食わせてやれる世界ではないということなんだ。じゃあそこから漏れてしまった人間は、今後はどこへ逃げて行けばいいんだろうね。別の受け皿なんか誰も作っちゃいないけれども。

こういう急ぎ過ぎな変化は、本当に良いことだったのか、それとも悪いことだったのか。俺は何かとんでもない弊害があるんじゃないかと思うけど、きっと時間が経てば嫌でも明らかになって行くだろうね。不幸な目に遭う人間が現れないことを祈るよ。

ＡＶ男優の本性

業界への苦言が続いて申し訳ないけど、ＡＶ男優に対しても言っておきたい話があるんだ。

これは当たり前だけど、ＡＶ男優は女に優しい方が女優にもプロダクションにもウケがいい。だけど、現場では女優に優しいのに、プライベートでは女を酷い目に遭わせているＡＶ男優もいる。

例えば、ＡＶ女優を口説いて付き合ってるような関係にして、その上で金を引っ張っちゃうとかね。ここ数年の話でもそういうヤツは当たり前にいて、それが発覚して半殺しになったなんて話もあったよ。問題なのは、似たようなことを俺自身もやってたことなんだけど……。

他にもＴＶメディアなどにも取り上げられて「女性と接するコツ」だの「セックス技術」だのを説いて回ってるのに、実際にはＤＶが酷くてＡＶ女優から共演ＮＧにされ、メーカーからは出入り禁止にされまくっている業界ウケ最悪な男優もいる。

あとは、とにかく金に汚くて周りに金をたかって逃げちゃうヤツとか、業界内でマルチ商法を展開するバカなんてのもいたよ（笑）。

俺が特に許せないのは、自分が酷いことをしたから業界のコワモテに怒られているのに、自分ではケツを拭かずに警察に飛び込んで被害者面をするようなクズ。何の話か分かる人には分かってしまうだろうけど、そんなとてつもないクズが俗に言う一流男優として仕事をしているのがＡＶ業界なんだ。

方々で問題を起こしている男優を使うメーカーもどうかしてると俺は思う。同じクズでも、少なくとも俺は自分の責任からは逃げなかったから、その点は一緒にされたくはないな。

自分を棚に上げて言うけど、ＡＶ男優なんて「女とセックスする仕事がしたい」と思って飛び込んで来た人間ばかりなんだから、そりゃクズの割合が大きくても当たり前なんだ。

最近はプロダクションもうるさいので、昔と比べたらみんな優しくなったと思うけど、それでもＡＶ業界では人格に優れた人間なんて一握りだと考えておいた方が身のためだろうね。俺自身も含めてね（笑）。

射精のコントロール

昔と違って今はバイアグラのように優れた薬が増えたから、勃たせる苦労が減ったと思う。昔は男優の勃起待ち（勃ち待ち）で撮影が止まるケースが多かったから、演技力がない、アドリブできないなんて人間でも、いつでも安定して勃起させられるというだけで仕事に困らなかったんだ。能力がそれだけしかなくても、ＡＶ男優としてギャラのランクを上げていけたんだよ。

考えてみれば、俺が若手だった頃にはバイアグラなんて無いから、50歳過ぎたＡＶ男優なんていなかったと思うんだ。それくらい「現場で必要な時に勃たせる」って才能が何よりも必要とされる業界だったの。それさえあれば､他の能力はゼロでもいいくらいの話だったんだ。

それに加えて、射精のコントロールが得意だなんて付加価値が加わると、１現場５万円くらい提示しても仕事が続々と入ってくるようになる。

射精コントロールと言ってもよく分からないだろうけど、普通は射精する時って精子が満タンの状態から、一発でほとんど全て出してしまうんだ。だけどそれだと1回の射精で使い物にならなくなってしまうから、1回につき3割ずつ出すといったように小分けにするの。

射精なんて本能の部分だから、普通はちょっと練習したからって出来ることではないけれど、俺はそれが出来たから重宝されたんだよ。

そういう特殊技術に加えて、俺は演技や芝居も一通りやってきたので、AV男優としてはオーソドックスなバランス型だと思う。だからこそアイドルAV女優の相手に選ばれたり、単体相手の仕事が多かったんだろうね。

これが変に筋肉マンやレイプ男優、果てにはドM男優やスカトロ男優なんてキャラが付いてしまうと、それ以外の仕事が入らなくなってしまう。レイプ物の時に迫真の演技をしてしまって、女優やスタッフの間で「怖い」という評判が広まって、絡んだことのない人間にも怖がられて仕事が来なくなるなんてかわいそうな人もいたね（笑）。

芸能界だとキャラが立っていれば食うに困らないイメージがあるけれど、AV業界ではキャラが強烈すぎると確実に仕事の数は減ると思うよ。

後輩達に対して思うこと

自分が若かった頃と比べると、今のＡＶ男優は身体を酷使してる人が多いよ。自分の場合はいかに要領よく収入を得るかって考えられたけど、今はそういう美味しい話が転がっている時代じゃないからね。

だから後輩のＡＶ男優達の中には、１現場３万円くらいのギャラで、１日に３現場くらい掛け持ちしている人もいるんだ。そうすると１日９万円の収入になるから、それを２日に１回もやれば月収１３５万円。年収に換算すると１６００万円くらいにはなる。

でも、それって１日３現場で、各現場で何度かずつ発射しないといけないわけだから、体調管理がどれだけ大変なのかって考えちゃうよ。色が薄いだとか、出す量が少ないだとか、生理現象とはいえ欲しい絵が作れなかったら文句を言われて、次から仕事に呼んでもらえなくなるんだから。

そんな働き方が出来るのは若い内だけだから、今はサプリも良い物が出ているし、身体を大切にして頑張れよって思うな。今の俺が言うのもなんだけどさ（笑）。

それと後輩へのメッセージという意味では、今のうちに少しは貯金しておきなさいとも言わせて欲しい。今の俺を見れば分かると思うけど、いつまでも元気にナニ１本で金を稼ぎ続けられるわけじゃないから。身体がピンピンして日に３発も４発も発射出来ている今こそ、財布の紐を固くして金を残しておかないと。

ＡＶ男優なんて商売をしていると、絶対に筋の悪い連中が近寄って来るから、是非とも俺を反面教師にして、無事に人生を歩んでいってほしい。

なぜ恋愛タブーになったのか

ＡＶ女優とＡＶ男優のプライベートの仲に関して、今よりずっとおおらかだった業界なのに、それを壊したのは誰かって話なんだけど、やっぱり悪いのはＡＶ男優を中心とした業界の男どもなんだ。

ＡＶ業界の中には本当に酷いクズがいてさ、ＡＶ女優と深い仲になるだけなら良かったのに、欲を出して女を所属事務所から引き抜いて、自分がマネージャーになって、個人事務所のようなノリでメーカーに営業かけて回るとか、信じられないような問題を起こす奴が何人も現れたんだ。性欲と金銭欲を1人の女で同時に満たそうっていうね。

それ以外でも、付き合ったはいいけど本気でAV女優に惚れてしまって、嫉妬して「俺以外の男に抱かれるな!」と、AVを辞めさせちゃうなんて事例もあった。ただこれは女の人生に責任持とうというだけマシなんだけど。

そういうことが積もり積もって、プロダクションのAV女優のプライベートに関する態度がどんどん固くなってしまって、気付いたら「仕事以外の男女関係はタブー」となってしまったんだよ。

でもこれは仕方ない話だよね。そんなことばかりやられたら契約もクソもないし、仕事相手の業界人が誰一人信用出来なくなるし、それじゃ商売が成り立たないもの。

この辺りはセルAVが定着した頃にはすでに厳しくなっていて、AV女優と業界人(AV男優・スタッフなど)の男女の仲が許されるとしたら、可能性があるのは結婚引退くらいじゃないかな。2人がそこまで覚悟を決めて交際しているんだったら、もしかしたら見逃してもらえるかもっていうレベル。

だけど、結婚する気もないのに食い散らかしたり、AV女優を騙して金だけ取っちゃったりなんてことをしたら、相当おっかないことになると思うよ。AV女優ってメンタルの弱い子が多いから、そんな目に遭ったら一発で病んで潰れちゃうからね。

ＡＶのプロダクションなんて、昔は完全にヤクザしかいないような業種だったけど、「そういう連中だからコワモテで怖い」というんじゃなくて、引き抜きを含めて無茶苦茶するＡＶ業界人が多すぎて「女の子を守るために硬化した」というのが正確だと思う。

だってさ、ある程度の自由を認めて、なるべくストレスを与えずにズルズルと長く働かせるというのが、女衒商売の女を操る基本だったんだから。恐怖やルールで縛るだけじゃ、セックスワークの女の子は管理できないんだよ。恋愛もセックスもある程度自由にさせてやらないと、若い女の子は絶対に長続きしない。

これについて具体例を挙げると、今ならホスト遊びの話が一番分かりやすいかもしれないね。これだけコロナ禍で危ないと言われていても、ＡＶ女優のホスト遊びに目をつぶっているプロダクションが多いんだ。「ホスト遊びが出来ないならＡＶ辞める」なんて言い出す子がいるから、感染リスクやクラスター発生リスクと天秤にかけて、どこまで厳しくしたものか悩んでいるみたいだよ。

プロダクションって何かあると悪役を押し付けられるけど、意外とこういう考え方をする存在だったんだよ。それを女の子を不自由にしてまで堅い対応をするようになったのは、ゲスな人間を野放しにしたＡＶ業界の落ち度だと思うな。

病気問題

昔のＡＶ業界は性病検査なんてマジメにやっていなかったけど、それでも性病をもらうことは滅多になかった。自分はこれだけ男優を続けているのに、全盛期でも性病にかかった経験がほとんどないんだ。

ところが、今は検査で引っかかる子が出て現場が飛んだなんて話をよく聞くようになった。これは昔と違って定期的に検査をしているからというのもあるけど、それ以外にもＡＶ女優が多くなり過ぎて事務所がタレントのプライベートを管理し切れなくなったとか、撮影での生中出しが当たり前になってしまったとか、要因が多すぎて「これが犯人！」とは言い辛い。

ちょっと前にはＨＩＶ陽性の子が出たなんてこともあったんだけど、そういう時に業界が情報を隠蔽してしまうのが本当に良くないなと思う。昔の話だと、あるＡＶ女優がＢ型肝炎に罹ってしまったんだけど、本人もプロダクションもそれを隠して平然と仕事をしていたなんて最悪な話があったくらいなんだ。

自分はたまたまその子のことをよく知っていたから、知人の男優達に「B型肝炎のワクチンを打っておけ」と教えてやったよ。今だって新型コロナが陽性になった子が何人かいるのに、表には情報が出ていないよね。

ただ、今は業界の隠蔽体質は直っていないけれど、強要問題で懲りたのか現場を止めたり検査を義務付けたりする動きは早くなっているようで、クラスター発生には至っていないみたいだね。これは不幸中の幸いだよ。

でも、そうは言っても俺は今は撮影の内容を業界として制限すべきだと思うよ。コロナ禍にあって汗だくで絡むとか、唾液や体液まみれになるなんて、さすがに今は止めた方がいいでしょう。飛沫感染なんてもんじゃないから、防ぎようがないもの。AV業界は昔からこういう部分の意識が低くて、ガードが甘すぎると感じることが多いね。

初めての病気、雑菌性尿道炎

性病といえば、俺も患ったことが全くないわけじゃないんだけど、その理由がちょっと変だったんだ。デビュー直後の21歳くらいの頃の話なんだけど、東京音光というメーカーからの依頼でレイプ作品に出演したの。

それで多摩川まで行って、川の中に入ったりしながら撮影したんだけど、そしたら尿道に雑菌が入り込んじゃって、雑菌性尿道炎になってしまったんだよ。水はキレイに見えてもばい菌だらけだとは聞くけど、まさか自分がそうなるなんてね。

当時は緑色や黄土色の愛液を垂れ流すような子が相手でも、現場にコンドームがなければ生でハメてしまっていたほど何もかも雑な業界で、ＡＶ監督達は演者の性病対策なんか全然考えてもくれなかったんだ。

そういう風潮だったからいつか病気をもらうだろうなと思っていたんだけど、まさか初めてが多摩川の水だとは予想していなかったよ。

性病と言っても色々とあるけど、昔から当たり前のように広まっていたのはカンジタだろうね。これは本当に女の子が気付かないからタチが悪い。男優の方は慣れると見てすぐに分かるんだけど、女の子は自分の性器の具合をマジマジと見たりしないじゃない。

これは男にとってはインキンタムシと一緒で、絡んだ後によく洗って、拭いて、清潔にしないと伝染ってしまう。ＡＶの現場で怖いのは、こういう菌が由来の性病なんだよ。なんせ伝染していくからね。

女性と比べると、男は性器周りが単純な造りだけど、それでも股間にちょっとした傷でもあったらすぐにばい菌が入り込んじゃう。痒くてかいた後の擦り傷から入り込むこともあるよね。

女の子の場合は、セックスした後にシャワーで身体を流さずに寝る子が意外と多くて、カビは湿ったところに広がるから悪化しやすいみたい。

ＡＶ女優の中には、股間が真っ赤になってしまっていて、どう見たってカンジタなのに、それでも平気で現場に来る子がいた。性病の知識が本人にないんだろうね。

それに昔のプロダクションは無責任でさ、女の子に「これで現場に出て平気か」と聞かれているのに「大丈夫大丈夫」と平気で送り込むんだよ。

現場で酷い症状が出てしまってる子とかち合ってしまったこともあったけど、その時は特に状態が悪かった股間の両側に肌色のガムテープを貼り付けて、疑似本番で誤魔化したよ。こっちはコンドームをして、絶対にカンジタ部分に触れないようにして、それで何とか撮影を終えたんだ。

でもそれって、昔の濃いモザイクだったから可能だったんだよね。今の薄いモザイクの作品だと、モザイク越しにも色の違いが分かってしまうから、そのやり方は難しいだろうね。

昔からＡＶ女優も男優も、ＨＩＶや梅毒のような命の危険のあるものに対しては最低限の勉強をするけど、それ以外の「ちょっと痒い」程度の性病に対しては意識が低くてね。最低限の知識があれば、クラミジアや淋病は臭いである程度分かるし、女性器の愛液の色や粘りでも気付く。それにコンドームさえ付ければ大体は回避できる。

厄介なのはカンジタやコンジロームかな。おできしか判断材料がないと、性病なのか、たまたま脂肪の塊が出来たのかなんて判断できないからね。そういう分かりにくい性病は、なってしまったら諦めるしかない。仕事を休んで、病院に行って、コツコツ治療するしかないよ。ただ、悪いのはAV女優だけではなくて、メーカーも男優も意識の低い連中はとことん酷いんだ。メーカーなんて何も気付かなかったフリをしてヤってくれた方がいいから、ちょっとのことだと撮影を強行してしまう。それに男優の中には、女優が性病でも構わずハメちゃう頭のおかしいヤツもいて、そういうヤツが媒介になってどんどん感染が広がってしまうんだ。

昔の話だけど、俺も股間にハンテンが出来て、焦って自分で調べてみたら梅毒だって結論になってしまったことがあった。それがどんどん肌が荒れていって、範囲が広がって来て、怖くて怖くて焦ったんだけど、医者に見せたら単なるタムシだったんだ。

それくらい性病はプロじゃなければ判断がつかなくて厄介なこともあるから、おかしいと思ったらすぐに仕事を休んで診察を受けるのが正解なんだよ。

女性の場合は不妊症に繋がる可能性があるんだから、もうちょっと自分の身体に気を遣わないと。それに男優達を通して自分に病気が回って来る可能性もあるから、蔓延を防ぐためにも、自分の身を守るためにも、1人1人が意識を高めて知識を学ぶしかないんだ。

ベテランだろうと無知なヤツはいるから、相手が誰でも言いたいことはハッキリ言える業界にして行かないとダメだよね。

業界人すら危機意識が低いという大問題

昔は今ほどAV女優の意識が高くなかったのか、お尻の穴にうんこがこびりついた状態でカメラ前に出ちゃう子もいたんだ。人前で裸になる自覚が薄くて、トイレでちゃんと拭いていないんだよ（笑）。

それ以外でもクリトリスの皮を剥いたら恥垢がついてる子もいたし、あの時代は局部の洗い方を知らない子が多かったのかもしれない。そんな恥ずかしい姿を晒す商売がまともなわけがないよね（笑）。

それで我々男優は、女の子達のそんな恥ずかしい姿がカメラマンに大写しにされたら大変だから、気付いたらカメラに写らないようにこっそり手で取ってあげたり、女の子自身も知らないようなところで最後の防波堤として働くんだけど、こういう話を世間様に知られたら白い目で見られておしまいだよ。

近頃のＡＶ業界って、そういう世間の風当たりの強さを知らない、甘い考えでＡＶをやってる人間が目につくんだ。ＡＶメーカーを一般企業とでも思ったのか、大卒で履歴書を持って来ちゃう人もいるし、大学まで出てＡＶやってるなんて親がかわいそうだと思う。他にいくらでも選択肢はあっただろうに。

どうしても裸仕事の世界に飛び込みたいと思うなら、まずは普通に就職して世間の荒波に揉まれるのが一番いいだろうね。そうやって色々な社会を知った上でＡＶに流れ着くなら、まだマシだと思う。

一番ヤバイのは、初めての就職という段階でこんな業界を選んでしまうことだよ。そうなると世間の厳しさを知らないまま、ＡＶみたいなふざけた業界が当たり前だと思い込んでしまうでしょう。それは社会人として取り返しがつかなくなってしまうよ。

ＡＶ業界人が自分の仕事に自信を持つのは構わないんだけれども、ＡＶ業界に籍を置くならば、何より自制心を持っておかないと恐ろしいことになる。金と性欲といった欲望が渦巻く業界だから、基本的にロクな人間がいないし、いつどんなトラブルに巻き込まれるか分かったもんじゃない。だからこういう厳しい見方が命綱として必要になるんだ。事実として、俺に近づいてきた人間なんか、反社や詐欺師ばかりだったんだから。

俺がＡＶ男優や監督として一番羽振りが良かった頃は、金と女を揃えていたから、ヤクザや不良や詐欺師からすれば一番欲しい餌だったんだ。そういう連中に付きまとわれていたから、俺は単なるＡＶ男優なのに、不良出身のスカウトグループの面倒を見なきゃいけなくなったり、ケツモチのヤクザとの付き合いが出来たりして、それぞれの間に挟まれて怖い思いをすることもあった。

そういうリスクをちゃんと考えた上で、それでもＡＶ業界で働きたいかどうかを考えてみないと、ほんの些細なことで地獄に堕ちていっちゃうからね。今も無修正の素材を会社から盗んで売ろうとして逃げ回るハメになってる非常識なヤツとか、無茶苦茶な人間があちこちにいる業界なんだから。

だいぶ厳しい話になったけど、これは長年お世話になったＡＶ業界や、業界の後輩に対する、俺なりの遺言だと思ってほしい。みんなどうにかして長生きしろよ。

第5章
癌で良かった

本書の取材を続ける中で感じたのは、沢木氏は徹底してポジティブであるということだ。クヨクヨしたり、終わったことを後悔するといった後ろ向きさがまるでなく、常に明るく、前向きに物事を考えている。

それは病気との戦い方にも表れていて、沢木氏は「延命治療なんか一切しない。薬や放射線が効かないとなったら根性で頑張れるだけ頑張って、もうダメだとなったら人として死ぬ」と言ってのけ、医師との間であらゆる延命治療を拒否する誓約を交わしたそうだ。

沢木氏は言う。「延命治療って、ようはどんどん人間として動けなくなっていくんだ。常に管を付けられて、身動き取れなくなってさ。でもそんな状態になっちゃってほんのちょっと長生きしたからって嬉しくないよね。金だってずっとかかり続けるんだし。でも今は調子が悪いなりに自動車の運転も出来ているから、仕事が入れば撮影現場に自力で行けるし、人として生きていると感じられるんだよ。だから俺はたとえ寿命が何年か短くなったとしても、最期まで人間として好き勝手に生きて、ダメならダメで人生を終えたい。それが一番俺らしいでしょう」と。

直近の金銭事情

ここ何年かの話をすると、男優30周年を機に男優ギャラを下げたんだ。もう５～６万円なんてギャラで仕事がもらえる時代じゃないし、そこまでハードなカラミは出来ないから、そんな男優を使ってもメーカーからしたらコスパが悪すぎると思ったんだよ。

それでギャラの設定を３万円程度まで減らしたんだけど、思ったよりも仕事は増えなかった。直近の話に限ると、病気を抜きにしてもここ３年は仕事の数が減って、金額も落としちゃって、どうにもならない状況だったな。

今は50代になって身体も動かなくなってきて、ＡＶ男優としての先はないんだ。30代の頃の暗黒時代は身体だけは頑丈だったから、何とか盛り返すことも可能だったけど、この年齢になると体力勝負の世界でもう一発っていうのは無理だよね。

そうしているうちに息子の進学があり、野球道具を買い揃えてやりたいとか、何かにつけて金が必要になってしまって、このままではどうにもならない状態だったんだ。夫婦の生命保険を切り崩して金を工面するとか、本当にギリギリの金銭事情だった。

「もう誰かに金を借りてスナックでも始めるしかない」と思っていたところで癌が発覚して、

変な言い方だけど命が助かったね。何をするにも保険が使えるし、１００万円程度だけど生命保険もおりたし、コロナ禍が始まってからは持続化給付金で１００万円もらえて、それでどうにか生き延びている。

ＡＶ業界は今はベテランも若手も仕事が減る一方で、クラスターが発生しかけたとも聞いている。そのせいで現場の数が減って、みんな平等に金に困ってしまっているようだね。

そういう意味では、自分は本当に変なところで運がいいなと思うよ。あそこで癌になっていなくて、普通に働いていたら、今頃マンションを売って流浪の身になってしまっていたかもしれない。

ただ光明も見えていてさ、ＡＶ出演強要問題を経て本番行為に対して業界内でも色々な意見が出たでしょ。その流れで、一時期よりもドラマ物のＡＶが増えているよね。そういう状況だったら、俺ら世代のように役者も出来るベテランＡＶ男優の方が、むしろ出番はあるのかもしれないなと思うんだ。自分も身体が動く限り仕事を回してもらえるように、可能な限りコンディションを整えて、頑張って現場に通おうと思ってるよ。田渕君や大島君みたいに、まだまだ頑張っている同世代のＡＶ男優が何人かいるんだから、俺が消えるわけにはいかないだろ。

人を信じられるようになった

さっきは色々なビジネスに手を出してイマイチだった、失敗した、惨めだったなんて話をしたけど、それだったらまだマシな方で、中には単に俺から金を騙し取っただけの詐欺師もいたんだ。

そういう輩の共通項は、会っていきなり握手をして来るところ。アメリカ人気取りみたいな感じで、挨拶もそこそこに笑顔でガッチリ握手してくるヤツがいるでしょ。俺の経験則から言って、それをやってくるヤツはまず詐欺師だと疑った方がいいね。そういうタイプにはマトモなヤツが１人もいなかった。

最初に仕掛けられた詐欺は、新宿三丁目でうどん屋兼居酒屋を始めようって話だった。二丁目のゲイバーやホモビデオといい、ＡＶ男優スナックといい、どうも俺はあの辺りに縁があるんだけど、この話は中学生の頃の同級生が誘ってきた話だったから、つい信じて乗っかってしまったんだ。

店のオープンに700万円かかると言われて350万円ずつ出して、何とか開店はしたんだけど、結局潰れちゃったんだ。その時は「飲食店は水物だからな」と納得したんだけど、後から別の人間に色々と背景を聞かされる機会があって、それによると実は700万円も掛かっていなくて、半分の350万円で店は作れたらしいんだよ。だから、俺が出した350万円っていうのは、単にその同級生の懐に入っておしまいだったの。

自分で言うけど、俺はそもそも人のために動くタイプだったんだよ。パクられてしまった麻薬の件だって「みんなが買いにくいと困ってるから」って理由が少なからずあったからね。「じゃあ俺が買ってやるよ」って。今にして思えば「なんてバカなんだろう」とは思うけど、純朴な田舎の人間特有のお節介って感じでしょ（笑）。

それがまさか同級生に騙されるとは思わず、この件で完全に人間不信になってしまったんだ。人間好きで誰にでもいい顔しちゃうような俺っていうのは、こういう出来事を経て、他人には見せなくなっていったね。

少し時系列が飛ぶけど、次に詐欺師に出会ったのはAV男優としてバリバリ働いていた20代の頃だった。AV業界の人間から「一緒に制作会社を作ろう」っていう話を持ち掛けられて、ついつい話を聞いてしまったんだ。

というのも、そいつは元々飯島愛ちゃんの事務所の人間で、それが円満退社して独立するってことだったから、身元がしっかりしてると思って信じちゃったんだよ。そいつこそ会っていきなり握手してくるタイプの人間で、口が上手くて、「将来のことを考えたらAV男優だけじゃ食えないぞ」とか、色々と言ってくるの。

最終的に「資本金1000万円必要だから、あと1人出資者を探して、300万円ずつ出そう」なんて計画になって300万円渡したんだけど、少ししてから「事業に失敗して会社が潰れて金が返せなくなった」と伝えられてさ。その時も最初は「まあ仕方ないよな、制作会社なんてそんなに甘くない商売だもんな」と納得したんだけど、少し時間を置いて何となく社名を調べてみたら、本当は潰れていなくて、元気に商品を制作して売り続けていたんだ(笑)。結局、そいつは俺に配当を渡すのが嫌でウソをついてたの。

いきなり握手系でいうと、ほんの何年か前にモザイク編集前の素材をFC2で売り捌こうとしてAV業界を騒がせたAV監督の南波王《みなみはおう》ってヤツがいたんだけど、そいつも挨拶より先に握手って男だったたな。

彼は有名メーカーの出身者だったはずだけど、そういう業界歴の長い会社から出たとは思えないくらいやることが無茶苦茶で、スタッフはおろかAV男優に対しても未払いばかりだったんだ。ＡＶ女優はプロダクションがあるから優先して金を払っていたはずだけど、それがないフリーの技術スタッフとか、ＡＶ男優とかは、あの手この手でツケにしてて、さらにあっちこっちの業界人から金を摘んで、最終的に飛んじゃった。

それから少しして起きたのが、あの「ＦＣ２のマーケットに超有名ＡＶ女優達の無修正動画が売られてる」って騒動だったんだ。その時に流れた素材って、ほぼ全てその南波王が撮影した作品ばかりだったの。いくらなんでも話が分かりやす過ぎるよな。

俺の中でＡＶ業界人ってそういうことを仕掛けてくるクズばかりって印象があって、業界歴が長くなるにつれて業界人不信も強くなっていったんだ。金が絡む話ではＡＶ業界の人間なんか頭から疑って掛かってた。

だからこそ、今こうして癌になって金が必要になった時に、まりかちゃんや、友田真希ちゃん、川上ゆうちゃんらがチャリティー企画を立ち上げて、集まった多額のお金を丸ごと送ってくれて、心の底から感激したんだよ。

それにＡＶ監督の魁さんに対しては、金を送ってくれるのはいいけど「何が目的なんだろう」って、有り難すぎて逆に身構えてたくらいなんだから。

こうやって損得を抜きにして親身になってくれるＡＶ業界人だっているんだと気付けたの

は、全て癌のお陰だよね。よく「自分が困った時に助けてくれる人は誰か」なんて話を聞くけど、あれは本当だよ。羽振りが良い時は人間なんかいくらでもすり寄って来るもの。でも、その中に信頼の置ける人間なんかいやしないんだ。

癌で取り戻した家族の形

俺はこういう性格だから、何かと言うと女房に当たり散らしたたし、夫婦の会話の中に離婚って単語が出たこともあった。だけど彼女は俺のせいで親と縁切りまでしているし、実際に別れるという選択肢はなかったね。

過去に2~3回、俺がキレて怒鳴って泣かせたなんてことはあったけど、女房も俺も一晩寝たら忘れちゃう、感情が長続きしないタイプなんだ。それで今まで上手くやってこれたんだと思うな。

以前は俺が亭主関白過ぎて、俺が決めたことしかやらせないっていう独裁者がいるような家だったんだけど、癌になって体力がなくなって、身体の痛みもあって、昔のように俺がリーダーシップを執ってガンガン引っ張ることが出来なくなってしまった。

そうしたら、女房は自由に思ったように動けるようになって、自分の判断で生きられることの楽しさを味わっているみたい。

息子は反抗期のど真ん中って感じがあるけど、病気になってからお互いに優しく接することが出来るようになった気がするよ。

俺は今までが毒親すぎたから、変えなきゃならない部分が多かったね。だけど俺の体力的な問題だけじゃなくて、今まで父親のロクな思い出がなかっただろうから、残りの時間で少しでも親父の良い思い出を残してほしいなと思ったんだ。そういう目的があったから、これだけ頑固でワガママな俺でも、自分を変える努力は苦ではなかったな。

ここしばらくの間、息子は俺に対して知らんぷりをすることが多くて、典型的な思春期の男の子って感じだったんだけど、その距離感がだいぶ変わったなと実感してるよ。

ウチは色々と問題のある家庭だったと思う。主に俺自身の責任なんだけど。それが癌になって余命も分からない状態になって、初めて家族とまともな人間関係が築けたんじゃないかと思うんだ。

こういう家族との関係の再生みたいなことも、きっと終活の内に含まれているんだろうね。俺はつくづく人生を終える理由が癌で良かったなと思うよ。

癌で良かった

癌という病気になってから、自分の人生の総まとめが出来て良かったと感じるようになった。家系的にくも膜下出血など脳をやってしまう人が多く、自分自身も喫煙するし酒も大好きなので、そのリスクは高い。自分の死因はそれだろうなと思っていた。だけど一瞬で死んでしまう脳や心臓の疾病と違って、癌は死までに時間の猶予がある。その間に色々なものを残せるし、自分自身の手で死ぬ準備ができる。こうして終活の一環として本を出せたのも、癌だったからこそだ。

ＡＶ業界の仲間たちや、俺の治療費を集めようとチャリティーイベントを開いてくれたひとたち、それにクラウドファンディングの支援者たち。俺が癌になったからこそ、誰が信用できる人間だったのかが分かった。殆ど付き合いのなかった人が親身になってくれたり、面倒をみてやったはずの後輩が一切連絡をよこさなかったり。人生の最後で「この人達が正解です」という答えが出た。

自分は連絡先を持っていると酔っぱらった時などに夜中でも平気で電話をかけてしまうの

で、ある時「みんなに迷惑だ」とほとんどの連絡先を消してしまった。それでも俺を心配してくれる人は、わざわざTwitterのDMなど連絡手段を探して話しかけて来てくれた。

変な言い方になるけれど、俺は自分の命がどれくらい残っているか分からない状態になったいま、AV男優になりたくて仕方がなかった純朴な埼玉の田舎者の少年に戻れた気がしている。

こんな生き方をして来て、知らない内にヘドロみたいにこびり付いていた悪い憑き物を、無償の支援をしてくれたみんなのお陰で洗い落とせたように思う。

※

沢木和也の終活プロジェクトが発足した2020年は、コロナに始まりコロナに終わったような年だった。ところが年が明けて2021年になっても事態は全く変わらず、沢木氏に会って話を聞く機会をなかなか作れず、リモート形式によるネット通話で聞き漏らした部分の追加取材を行っていた。

その何度目かの取材時に、筆者は己の浅はかさを思い知らされることになった。自身の死と常に向き合って残りの時間を過ごしている人間と、もう少し時間に余裕のある人間との認識の違いが、あまり良くない形で表出してしまったのだ。

　本書の取材としては、ここにまとめる内容が最新・最後のものである。我々にとって『終活の先輩』である沢木和也の、これがラストメッセージとなる。

※

　２０２０年の12月初旬を最後に抗がん剤や放射線を使った治療を止めて、それから約４ヵ月経つんだけど、自分の感覚としてはだいぶ進行しているなと感じてる。具体的に言うと痛み止めを使う回数が増えているのと、ここ最近はまた声が出し辛くなっていて、喋ると胸や背中が痛くなる。明らかに去年よりも体調がおかしくなっているのは間違いなくて、最初に余命宣告された1年は超えられたけど、自分で出来ることはもう何もないんだ。

　この本の発売日が6月29日に決まったけれど、極端に言うとそれに間に合わないんじゃないかって思うこともあってね。理想としては、息子が夏に野球の大会に出場するので、それを見たいなと思ってるんだけど、それがもう一番の目標になってしまってる。でもそこまでは無理かなと弱気になることも多いんだよね。

願望としては、出来ればあと数ヵ月は生きていたいと思っている。これは自己診断だから、いつ死ぬか、あと1年生きられるのか、なんて具体的なことは何も言えないけど、睡眠が満足に取れていなくて、どうしてもネガティブな気持ちになることが多いんだよね。寝入っても1時間くらいで目が覚めてしまって、仕方ないから日に何度か分けて寝ている。昨日も胸と背中が痛くなって、それを何とかしない限り寝られなくなってしまって、ここ最近は睡眠が一番の問題になっちゃってる。

こんな状態になって、みんなに何を言い残そうか考えたんだけど、一番言っておきたいのは、安くてもいいから40歳を超えたら保険に入るべきだよ。よほどの大金持ちならともかく、普通の収入しかない人は国民健康保険だけじゃやっていけない。

脳卒中や心筋梗塞みたいに、そのまますぐ死ぬならともかく、癌は三大疾病の中でも治療をしたら生き残って余分に金が掛かってしまうから、保険金が下りるようにしておかないと金が続かなくて、残す家族も酷い目に遭ってしまうんだよ。

だから遅くとも40歳を過ぎたら、掛け捨てでもいいから何か保険に入らないといけない。特に子供がいる人は、入らないなんて選択肢はないと思った方がいい。

今の俺なんか、悪く言えば人の金に頼っちゃってるし、こういう病気になって貯金もないとなると、せっかく少し時間が与えられているのに、金がないって理由で生きることが無理になるから。これだけは言い残しておきたい。

※

と、ここで筆者は耳で沢木氏の話を聞き、指はパソコンのキーボードを打ちながら、話の間を持たせる意味で何も考えずにこんなことを言ってしまった。

「でも沢木さんがTwitterにアップしている最近のお写真を見ると、まだまだお元気そうに感じますよ」

筆者としては、沢木氏が予想以上にネガティブになっていたため、少しでも励ましたいという気持ちだったのだが、これが沢木氏にとっては最も不愉快な言葉だったらしい。

※

そうやってさ、他人は「奇跡が」とか「頑張れば」だとか言うんだけど、段々と腹が立って来ちゃってるんだよ。そんな無責任なことを言うヤツは、こうなってみりゃいいんだって。奇跡なんかないから奇跡なんだから。言い方を変えれば、たまにあるってことなんだけど、大多数の人間にとっては奇跡なんかないんだよ。だからそういうくだらない励ましをされるとムカついてしょうがない。

みんなこういう体調になってみないと分からないんだよ。だったら放っておいてくれって感じ。こっちはただ「おはよう」なんて挨拶してくれたり、何気なく声を掛けてくれるだけで充分なんだから。

それを医者でもないのに「頑張って」とか「大丈夫」とかキレイ事を言うなよって。そんなヤツは俺から見たらバカとしか思えない。「沢木さんなら大丈夫」とかさ、じゃあ何であれだけ強かった古賀稔彦は死んだんだよ。他にも俺よりも強いとか金を持ってる人が当たり前のように癌で死んでるじゃない。志村けんだってコロナだけど死んじゃったよね。なのに「沢木なら大丈夫」ってどういうことなんだよ。ダメなものはダメっていうのが当たり前なんだよ。

キレイ事といえば、今回の俺の本は終活というテーマとしてはかなり突っ込んだ内容だと思うんだ。でも普通はみんなキレイ事を並べ立てて、自分だけいい人ぶるでしょう。そんなの読む価値ないし、俺はそういうのが大嫌いなんだ。

この本にしたって、本当はもっと遠慮なく突っ込もうと思ったんだけど、それだと大勢に迷惑を掛けるから少し抑えたけどね。それでも俺のこの本は読まないと損するし、読めば何か得られるものがあると思ってるよ。

ここでどうしても言っておきたいのは、みんな保険には入れってことだけだな。俺の場合はクラウドファンディングをやってみて、こんな大変な時期なのにお金を預けてくれた人が大勢いてくれたけど、普通はそんな手段は取れないでしょう。そう考えると、クラウドファンディングで支援してくれたみんなには、本当に感謝しかないね。そういう人たちのお陰で、俺はこうやって終活することが出来たんだからね。

※

この時は沢木氏の病状が芳しくなく、「10分程度の会話が限界」とのことだったので、ここで話を終わらせていただいたが、通話を終えた後も筆者の頭の中は沢木氏に心ない言葉を浴びせてしまったことに対する反省でいっぱいだった。こちらとしては会話のリズムを取るくらいのつもりで、ロクに考えずに発した言葉だったのだが、沢木氏からすればその無責任さが苛立ちの理由だったのだろう。

今の沢木氏は、自分の命がどれだけあるのか、寝たら明日また起きられるのかといった心境で、残された時間を過ごしている。それに対して筆者のような健康体の人間から「沢木さん元気そうに見えますよ」などと言われたら、それは頭にも来るだろう。昨年から取材を重ねて来て、本の完成が見えたタイミングになってこれかと、自分の思慮の浅さにショックを受けた。

思えば、筆者は身近な人間の死に対して、まともに対処出来た覚えがないことに気付かされた。祖父母が亡くなった時は、散々可愛がってもらったのに数えるほどしか見舞いに行かず、ある日家に帰ったら家族から「さっき亡くなったよ」と教えられることばかりだった。

今回、沢木氏に余計な一言を発してしまったことで、筆者は自分自身の「他人の命と真剣に向き合えたことがない」というだらしなさを痛感させられた。

筆者がＡＶ業界に籍を置いていた頃、沢木氏と会うことはなかった。しかしこのプロジェクトに参加できたお陰で、沢木氏は筆者にとって多くのことを学ばせていただけた『終活の先輩』となった。

今はただ、残された時間で沢木氏の望みが１つでも多く叶うことを祈るばかりである。

あとがき
沢木和也の遺言

2020年に癌を公表した時にTwitterで「息子を見ていたい」と書いた。普通に息子が大きくなるまで近くで見ていられると思っていたが、それがそう長くは一緒にいられないということになってしまった。

まだ中学生なので、せめて彼が高校を卒業するまでは見守ってやりたい。同じ男として心配もあるし、教えてやりたいこともまだある。

例えば女の子のこと。小学校の頃はクラスの女の子の話をすることもあったが、今はあまりしない。変な話かもしれないけど、息子の部屋から精子の臭いがしないのが不安だ。女房にも聞いているけれど、もしかするとオナニーをしていないのかもしれない。

ナニは父親の遺伝でデカイので、宝の持ち腐れになってしまわないか心配している。小学校3年生くらいの頃から「皮をむけ」としつこく言っていたが、しつこ過ぎていい加減うざがられてしまったようだ。

今はお年頃になって、逆に性に関する話が出来なくなってしまった。変な溜め込み方をしないで、どこかでこっそり処理してくれていたらいいなと思っている。

息子には２０２０年の3月に病気のことを打ち明けた。反抗期真っ最中でもさすがに目が点になっていた。この口うるさい親父は、自分が大人になって家を出るまでずっといるんだと思っていただろうけど、いつまで生きられるか分からないということが伝わったようだ。

別に親父の命が長くもたないからと、無理にベタベタしてくれなくてもいい。ただ、やると決めたことはやり抜いて欲しい。勉強なんかどうでもいい。それじゃマズイのかもしれないけど、仮に高校に受からなかったら行かない人生だってある。俺からすれば、いつも元気でいてくれたらそれでいい。

息子へ

お前にはＤＮＡとして、顔の良さとチンコのサイズは残してやった。勉強もできないし、スポーツを頑張ってもプロとして食えるのはごく一握りの人間だけ。だから自分の人生がどう転んでもいいように、毎日歯を磨いて虫歯にならないようにして、身なりを綺麗にして臭くないようにして、少しでも女にモテるようになろう。

でも理想を言えば、変なところは親父の真似をしないで、自分の力で食えるくらい金を稼げるようになって欲しい。後は健康でさえあってくれればいいから、自分の思ったように生きて欲しい。

２０２１年４月12日　沢木和也

スペシャルサンクス
沢木和也『終活』出版プロジェクトを応援してくださった方々

東風克智、南須原守、磯野ナニ平、松本東五、YOSHIHARU KOJIMA、吉田智之、小玉彰、吉浦弘幸、山岡竜生、安達亨、富澤俊秀、めいぷる@我孫子、ぼんやり田中さん、岡田俊一郎、柳圭介、小野直樹、福田武史、さっちー、波、アキモトトシユキ、村中ろまん暁生、青春組立式キット、西本武史、たぁちゃん、宍戸毅、持田龍輝、齋藤智之、荻田真也、宮崎敬太、佐山勝美、おぢゃい子。、MASAFOX、佐藤★サド、伊達卓生、森内大輔、中野謙一、桜たまき、菅田裕、重利靖彦、史、おのやすゆき、駒村直洋、中村智香子、柳谷益男、りあ、立川彰、小倉克己、こもとめいこ♂、三浦ヒデアキ、haharu、六角悟、小林英之、藤田多加志、北山幸治、岩永紀美花、上野正樹、小山博繁、片寄太一郎、佐藤光樹、洋子、ちり、36、鷺純之介、栗山茂之、武田真治、らんさ、ダークマスター黒川、木下優妃、かとひろ、浜野美江、知、関信彦、篠村みのり、ぐろうりあ、藤田史朗、岩野裕樹、dango、角田健一、JINN THE M.C.、ひーちゃん、達林高広、谷口宏治、濱田孝行、佐藤幸信、高橋匠、桜井明彦、じゅんじゅん、田村綾果、飯田久弥、高木俊介、nikonikochan、高橋瑞生、畠真由美、レノbankul、青柳精、佐藤貴嘉、鯨、浜田弘一、miy、岩田麻希、小森秀、市原克也、安彦和弘、MAKOTO.I、田中、カブト虫、木代雅彦、清水和彦、もんちゃん、名倉彰男、竹重智、首藤一美、西島聡一、野本よしえ、長瀬和彦、とこち。、舞坂、ゆいか、神崎仁志、半角祭、大福よしこ、きたさん、小林拓海、亀井美里、神崎みぃ、秋山政紀、吉村以津己、勝亦健雄、五百川雄一郎、森昌也、平山敬悟、まり、添川明、速水恵佑、鈴木朋美、大角幸子、俵綾子、中野美知留、林健太郎、みぃめろ、オオデマサカツ、hiromi、池田進一、杉良二、ななほ、茨木庸介、生駒亨、櫻井久美、林雪絵、特盛りメロン、明石真吾、鈴木拓、桑原芳子、田中一久、伊達由香、高瀬智香、いちはら　カズ、山内勝博、ぎし、中島のら、東孝典、西山ともみ、野津靖生、内田裕之、浅田英文、モモ、服部恒一、友田真希、鈴木誠一、宮川めぐみ、林真司、NISHI.H、冨永潤一、一茂、篠崎一穂、ハルヨ、鈴木あゆみ、中村道代、やちょう、黒田茂、加藤あやの、範田紗々、山本卓、鈴木利光、宮川和浩、根本淳一、牛若丸、矢吹涼、加藤芳和、川名裕之、門脇朋恵、陽子、堀新一郎、川上美寿々、鈴木秀人、槇下賢、高橋利之、小池浩、屋根の上のオーボエ吹き、赤羽清孝、高橋徹、井上浩太、光来、大川泰雄、山本貴之、トシへ、いいかげん、宗岡優治、福本誠、赤津治久、小川洋、松平浩一、megu megu、さとちん、生方佑治、宮澤竜

スペシャルサンクス

雄、安達暁彦、合同会社決めたん会、株式会社BELZZA、岡安秀一、新井英雄、杜、林広之、石井大地、まり、寺谷博幸、堀口恵理子、木村暢達、大島丈、秋吉勉、、高橋渉、野田哲朗、木下祐幸、黒田志麻、佐藤美信、西村雄司、門倉仁、サトウタケヒロ、栗林亮平、市毛快治、栗原高広、根本はるお、井端一泰、角野浩重、はにわ、綾瀬麻衣子、カンヤ、大竹山賢、大友晃、廣江愼彦、遠藤和貴、矢部奏、更紗（さらさ）、ゆりん、雅穏、山中英樹、桜井ちんたろう、根本真魚、小林健、小林良平、izzy、大田享成、田淵正浩、成田耕介、木幡英子、本多正裕、松丸直明、東原清次、夕部洋子、moca、Sun、塩見佳彦、松本和彦、荒井禎雄、草下シンヤ、他、匿名の方々

（基本的に支援順にクレジットを記させていただきました。皆様ありがとうございました）

【著者紹介】

沢木和也（さわき・かずや）

1967年3月25日、埼玉県生まれ。

20代の1988年にAV男優としてデビュー。90年代のアダルトビデオ創成期を支えた。代表作に「沢木和也のナンパ王国」「沢木和也のナンパ帝国」などがある。

1994年に結婚、2005年に長男が生まれる。2020年、癌が発覚。現在も治療中。

趣味：温泉、テレビドラマ・高校野球を観ること。

荒井禎雄（あらい・さだお）
1975年2月7日生まれ。フリーライターとして、表現問題や地域批評、グルメ記事まで幅広く執筆。また、様々なWEBサイトの立ち上げや運営に参加。著書に『これでいいのか東京都板橋区』『魚屋がない商店街は危ない 東京23区の商店街と地域格差』（ともにマイクロマガジン社）などがある。

伝説のAV男優 沢木和也の「終活」
―癌で良かった―

2021年7月21日第一刷
2021年7月22日第二刷

著　者　沢木和也
　　　　荒井禎雄

発行人　山田有司

発行所　株式会社　彩図社
東京都豊島区南大塚3-24-4
MTビル　〒170-0005
TEL：03-5985-8213　FAX：03-5985-8224

印刷所　シナノ印刷株式会社

URL　https://www.saiz.co.jp
https://twitter.com/saiz_sha

ISBN978-4-8013-0534-2 C0095